지은이

타케츠루 마사타카 竹鶴政孝

1894년 사케 양조장 가문의 3남으로 태어나 술에 흥미가 생겨 오사카공업고등학교 양조학과에 진학했다. 졸업 후 당시 일본 양주 제조의 1인자인 셋츠주조를 찾아가 양주에 대한 자신의 열정을 밝히고 채용되었다. 이후 셋츠주조 사장의 권유로 아시아인 최초로 스코틀랜드로 유학을 가 위스키 제조의 전 과정과 노하우를 노트에 담았다. 귀국 후에 산토리에 채용되어 이 경험과 지식을 바탕으로 일본 최초의 위스키 증류소인 야마자키 증류소를 건설했다. 그리고 12년 후 독립하여 니카 위스키의 전신인 '대일본과즙주식회사'를 설립하고 요이치에 위스키 증류소를 건설한다. 타케츠루 마사타카는 이렇듯 일본의 대표 위스키 제조 회사인 산토리와 니카 모두에 지대한 영향을 미쳤기에 '일본 위스키의 아버지'로 평가받는다.

옮긴이
김창수

위스키 전문가. 2010년에 우리나라에서 위스키를 만들지 않는다는 사실을 알고 국산 위스키 제조 계획에 착수했다. 2014년에 스코틀랜드의 102개 증류소 모두를 방문했으며, 2015년에는 일본 치치부 위스키 증류소에서 위스키 제조 연수를 받았다. 이후 국내에서 바텐더, 위스키 수입사 영업, 면세점 위스키 판매, 위스키 마케팅, 위스키 교육 등 각종 위스키 관련업 종사하면서 위스키에 대한 이해를 넓혔다. 현재 위스키 바를 하며 위스키 관련 블로그, 유튜브 채널을 운영 중이며, 2020년 10월 증류를 목표로 위스키 증류소 설립 중에 있다.

위스키와 나

WHISKY TO WATASHI
Copyright © 2014 Kotaro Taketsuru
Korean translation rights arranged with NHK PUBLISHING, INC.
through Japan UNI Agency, Inc., Tokyo and BC Agency

이 책의 한국어판 저작권은 BC에이전시를 통해
저작권자와 독점계약을 맺은 워터베어프레스에게 있습니다.
저작권법에 의해 한국 내에서 보호를 받는 저작물이므로 무단전재와 복제를 금합니다.

위스키와 나

일본 위스키의 탄생

타케츠루 마사타카 지음 | 김창수 옮김

일러두기
- 본문 중 숫자 첨자는 170페이지에 위치한 미주의 번호이며 십자가 기호는 각주를 표시한 것이다. 미주는 모두 타케츠루 마사타카가 저술한 원문 내용에 대한 일본 원서 편집자 주이며, 각주는 모두 옮긴이 주다.
- 본문 중 도서, 잡지, 신문은 『』, 논문, 기사, 단편은 「」, 영화 등은 < >로 묶어 표시했다.

──── 추천사 ────

그를 처음 만난 건 2015년이다. NHK 서울지국 기자로 일하던 나는 〈맛상マッサン〉이라는 드라마를 보고 위스키에 관심이 생겼다. 그래서 인터넷에 위스키를 검색하는 날이 늘어 갔는데, 그때 한 블로그가 눈에 띄었다. 자전거로 스코틀랜드의 모든 위스키 증류소를 다녀와 자세한 리뷰를 해 놓은 블로그. 그 블로그는 위스키 신생아였던 내겐 보물 창고였다. 게다가 작은 증류기로 집에서 위스키를 만들기까지 한단다. 그에게서 드라마 〈맛상〉의 주인공, 타케츠루 마사타카의 향기가 느껴졌다.

결국 '한국의 맛상'이라는 뉴스 기획안이 통과되어 그를 만났다. 집에서 위스키를 증류하는 모습, 야마자키 증류소 방문, 그리고 치치부 증류소 연수까지. 어쩌면 한국의 위스키 역사가 될지도 모르는 그의 모습을 바로 옆에서 지켜봤다. 그렇게 만든 뉴스 말미에 그로부터 다음과 같은 말을 들었다.

지식과 능력을 빠르게 키운다면, 10년 정도 후에는 국산 위스키를 만들 수 있을 거라고 생각합니다.

그로부터 약 5년의 세월이 흘렀다. 그가 약속했던 10년이라는 시간의 딱 절반이다. 면세점 위스키 매장, 디아지오 코리아 등에서 일한 그는 지금 여의도에서 바를 운영하고 있다. 자신의 이름을 딴 'CS bar'. 최근에는 유튜브 영상으로 많은 사람들에게 위스키를 알리고 있다. 계속 위스키에 관련된 일을 하고 있는 셈이다.

그러나 한 편으로 이러다 위스키 증류소를 포기하는 건 아닌가 걱정도 됐다. '최초의 국산 싱글몰트 위스키'라는 열정은 안락한 생활 속에 가라앉을 수도 있으니까. 그래서 작년 말, 위스키 증류소 설립 계획은 어떻게 되었는지 넌지시 물어봤다. 다행히 내 걱정은 기우였다. 지금 하고 있는 일은 증류소를 만들기 위한 준비 과정이라고 했다. 그의 위스키 증류소를 향한 열정은 전혀 식지 않았다. 오히려 그때보다 더 뜨거웠다. 그는 4년이나 앞당긴 2021년에 위스키 증류소를 세우겠다고 다짐했다.

그런 김창수 씨가 타케츠루 마사타카의 자서전 『위스키와 나』를 번역하여 출판했다. 위스키 관련 책은 위스키에 대한 지식과 경험이 없으면 번역하기 어렵다. 한국인 중 손에 꼽을 만한 위스키 지식과 경험을 가진 김창수 씨가 『위스키와 나』를 번역했기 때문에 더 기대가 된다. 이 책을 번역하면서 김창수 씨는 타케츠루 마사타카를 보다 깊게 이해했을 것이며, 그것이 한국 싱글몰트 위스키를 향한 길에 거름 역할을 하길 바란다. 독자들은 책을 읽으며 김창수 씨의 '한국 싱글몰트 위스키 증류소'라는 즐거운 상상을 해 봐도 좋다.

김창수 씨가 일본 위스키를 탄생시킨 타케츠루 마사타카의 자서전을 번역한 건 운명적이다. 비록 시대와 국가는 다르지만, 타케츠루 마사타카가 걸어간 길이 김창수 씨의 길이 될 것이다.

가장 중요한 건, 김창수 씨를 응원하고 돕는 일. 이 책을 보면 타케츠루 마사타카가 일본 위스키를 탄생시키기까지 정말 많은 사람들이 그를 도왔다. 스코틀랜드 유학을 도운 산토리 사장, 위스키 주세법을 바꾼 세관, 아내 리타, 그 밖에 수많은 사람들. 김창수 씨에게도 타케츠루 마사타카처럼 함께 위스키를 꿈꾸는 '사람들'이 필요하다. 이 책이 많은 사람들이 한국 위스키를 꿈꾸는 계기가 되길 희망한다.

전 NHK 서울지국 기자, 위스키 칼럼니스트 김대영

―――――― 감수의 글 ――――――

한국 위스키의 새로운 시작을 꿈꾸며

누가, 언제 만들었는지 모르는 위스키에 전 세계인들이 많은 관심과 애정을 보내고 있다. 와인과 맥주처럼 위스키를 제조하는 국가들도 점점 증가하고 있고, 소비도 늘어나고 있는 상황이다. 과거 우리나라도 위스키를 만들었다가 소리소문없이 중단했지만, 대세를 따라 요즘 새롭게 위스키 증류소 설립이 회자되며 조만간 한국에서 위스키가 제조된다고 한다. 위스키 애호가로서 다시 그날을 기다리게 된다.

우리나라도 위스키 소비 문화가 많이 성숙해져서 위스키 자체를 즐기고, 음식과 함께하는 마시는 트렌드가 빠르게 자리 잡고 있다. 몇 년 전부터 크래프트 맥주 열풍으로 한국의 맥주 지도가 바뀌었고, 다음 단계인 크래프트 스피릿으로 빠르게 전환되고 있다. 물론 한국의 고급 증류주 시장이 커지고 있음에도, 증류식 소주에 국한되어 있어 크래프트 스피릿의 정점인 '위스키'에는 이르지 못했다. 그러나 그 방향으로 가고 있다. 위스키 제조라는 화두가 한국의 고급 증류주 시장을 일순간 점프업 시킬 것이다.

주류 문화를 바꾼다는 것은 참으로 어려운 일이지만, IT와 스마트폰, SNS를 자유롭게 사용하는 Z세대에게는 한 순간일 것이다. 그런 Z세대가 과거를 회상하며 레트로Retro를 뉴트로New-tro로 새롭게 해석한다. 과거는 현실을 반영하며 미래를 예측하게 한다고 한다. 과거의 위스키를 되돌아보면, 다양한 위스키 문화와 이야기가 잊혀지지 않고 계속 이어져 내려 왔다. 그리고 다시 부활의 노래를 부르기도 한다.

오래 전 저자 타케츠루 마사타카가 위스키 열풍인 현재를 예측하고 위스키를 만들었을까? 그렇지는 않았을 것이다. 그저 100여 년 위스키에 자신의 일생을 바치고, 위스키의 밑거름을 뿌렸기에 지금도 전 세계 위스키 제조자 및 애호가들에게 회자되고 있다고 생각한다. 그가 뿌린 씨앗이 세대에서 세대로 전해지면서 위스키는 자연스럽게 생활에 녹아 들어 지금의 현재를 만들었고 새로운 위스키의 미래를 내다볼 수 있게 만들었다. 지식을 함양하는 것도 중요하지만, 그 시대를 이해하고 그 이해를 바탕으로 미래를 준비하고 예측 가능하게 만드는 것이 자서전의 중요한 역할이라고 생각한다. 이런 연유로 『위스키와 나』를 위스키 애호가들에게 필독서로 권한다.

재밌게도 저자의 사후 30여 년이 지난 2014년에 일본에서는 타케츠루 마사타카의 일대기를 주제로 한 드라마가 히트하면서 제2의 위스키 붐이 일어났다. 일본 위스키의 빛나는 역사를 만들어간 저자의 위스키 사랑을 기념하듯이.

이 책을 옮긴 김창수 씨 또한, 위스키를 사랑하는 마음을 갖고 있다. 한국인도 아닌 일본의 타케츠루를 소환하면서까지 잃어버린 한국 위스키의 역사를 다시 쓰고자 하는 위스키에 대한 그의 열정을 읽을 수 있었다. 언제까지나 뒤따라가기만 하지 않기 위해 모쪼록 우리의 역사는 아니지만, 위스키 선구자로서의 역할을 충실히 했던, 위스키만을 만들며 인생을 산 타케츠루 마사타카의 열정과 젠틀맨으로서의 삶을 많은 사람들이 돌아봤으면 한다.

단기 4353년 초여름
월드클래스 아카데미 원장 성중용

옮긴이 서문

내가 저자 타케츠루 마사타카에 처음 관심을 가졌던 때가 언제였을까. 아마 지금으로부터 십여 년 전, 국산 위스키를 만들어야겠다는 마음을 먹기 시작했을 때였던 것 같다. 그때부터 나는 최초로 일본 위스키를 만들었던 타케츠루에 대한 연구를 하며 국산 위스키를 만들기 위한 준비를 시작했다.

하지만 생각대로 되지는 않았다. 타케츠루와 다르게 나에게는 큰 양조장을 하는 집도 없었고, 스코틀랜드로 유학을 보내주는 회사도 없었고, 천문학적인 돈을 투자해주는 후원자도 없었다. 그래서 몇몇 사람들은 이런 나를 타케츠루와 비교하며 국산 위스키를 만들겠다는 꿈을 비웃고 조롱과 야유를 보내기도 했다.

그렇게 타케츠루는 점점 내 기억 속에서 잊혀 가고 있었다.

하지만 연이란 것이 있었을까. 기억 속에서 멀어질 때 즈음이면 이따금 그가 나에게 찾아오곤 했다.

2015년, 당시 타케츠루의 일대기를 그린 드라마가 일본에서 크게 히트를 쳤다. 그리고 나는 스코틀랜드의 모든 위스키 증류소를 다녀오고, 집에서 위스키를 만들며 국산 위스키를 만들기 위한 준비를 하고 있었다. 그런데 이런 나의 이야기가 알려져 '꿈은 국산 위스키, 한국의 맛상(타케츠루의 별명)'이라는 제목의 방송으로 제작되어 일본에 방송되었다. 타케츠루 덕분에 내 이야기가 일본에까지 알려지게 된 것이다.

그리고 시간이 흘러 2019년. 작은 위스키 바를 운영하며 여전히 국산 위스키를 만들 준비를 하고 있을 때였다. 내 블로그를 보고 한 출판사에서 타케츠루 마사타카 자서전의 한국어판 번역을 맡기고 싶다는 연락이 왔다.

번역은 처음이라 결정하기 쉽지 않았다. 하지만 이렇게 또다시 찾아온 타케츠루와의 만남을 피하고 싶지는 않았다. 무엇보다 나야말로 진짜 위스키를 만들겠다는 타케츠루의 마음을 가장 잘 이해하고 있는 사람이라고 생각했기 때문이다. 그래서인지 마치 내 이야기를 쓰는 것 같은 기분으로 어렵지 않게 번역을 할 수 있었다.

국산 위스키를 만들겠다는 목표가 힘에 부칠 때마다 그는 내게 찾아와 힘을 주었고 기회를 만들어 주었다. 그리고 위로하듯 이런 말을 건넨다.

괜찮아. 나는 네 마음을 이해해. 너라면 할 수 있어.

타케츠루는 만나 본 적도 없는 과거에 존재했던 외국인이지만, 생각해 보면 내게 각별한 의미가 있는 사람이다.
타케츠루가 자서전을 쓴지도 50년이 지났다. 반세기라는 긴 시간이 흘렀지만 위스키는 그때나 지금이나 맛있다. 그래서 100년 전의 이야기이지만 어색함이 없다.

타케츠루는 오로지 좋은 위스키를 만들기 위해 끊임없이 노력했으며 결코 타협하지 않았다. 그리고 철저한 자기 관리와 겸손함을 두루 갖추었다. 과거의 인물이지만 그의 생각은 과거에 머물러 있지 않았다. 위스키를 떠나서 인간으로서도 배울 점이 많다.

위스키를 만들기 위해 노력했던 타케츠루의 삶을 따라가다 보면 자연스럽게 위스키가 만들어지는 과정이 머릿속에 그려질 것이다. 나는 그 어떤 위스키 책보다 위스키에 대해 깊이 이해할 수 있도록 해주는 책이라고 생각한다. 그리고 그가 얼마나 위스키를 사랑했는지 느낄 수 있을 것이다.

  타케츠루 자서전 한국어판의 발행을 앞둔 2020년, 나는 지금도 국산 위스키를 만들 준비를 하고 있다. 그리고 이 서문을 출판사로 보내는 날, 마침 내가 국산 위스키를 만들게 될 위스키 증류소 건물을 계약했다. 위스키를 만드는 사람의 운명이라는 것이 있다면 이것 또한 참 재미있는 인연 같다. 타케츠루가 아직 살아 있었다면 내가 만든 위스키 한 잔을 맛 보여 줬을텐데…….

2020년 6월
김창수

차례

추천사 5

감수의 글 9

옮긴이 서문 12

운명적이었던 위스키 인생 19

어릴 적부터 술의 세계에서 23

위스키를 사랑한 총리대신과의 추억 28

양주 제조에 발을 담그다 34

처음 양주를 만들어 보다 38

위스키 공부를 위해 영국으로 떠나다 43

미국에서의 와인 공부 그리고 술의 철학 47

글래스고 대학에 입학하다 51

스코틀랜드 위스키 증류소에서의 실습 55

노트에 위스키 만들기를 담다 59

오로라가 빛나는 밤 북해에서 흘린 눈물 65

타향에서 싹튼 사랑 69

호숫가에서 맹세한 사랑 74

블렌더가 되기 위한 특훈 78

국제결혼 소식에 혼란에 빠진 집안 84

결혼, 그리고 위스키 업계의 대격변 88

위스키 제조 계획이 반려되다 95

진짜 위스키를 만들기 시작하다 100

물 맑은 땅 야마자키를 찾다 106

세금 문제에 부딪히다 110

일본 최초의 진짜 위스키 114

독립을 위해 퇴사를 결심하다 119

홋카이도 요이치에 대망의 위스키 증류소를 세우다 124

악전고투 속에서 위스키를 만들다 129

니카 제1호 위스키의 탄생 132

가짜 위스키 시대의 고뇌 136

둥근 병 위스키로 경영난을 돌파하다 140

아내 리타를 떠나보내고 145

품질 경쟁의 시대 148
홋카이도에서의 생활 155
위스키에 사로잡힌 인생 165
미주 170

타케츠루 칼럼
위스키를 마시는 올바른 방법 176
혀와 코 181

단상
주세법과 타케츠루 군 184
타케츠루 씨와 나 192

권말기고
여행과 작가와 위스키 199
호박색의 시간을 마시다 211
'재패니즈 젠틀맨'의 품격 222

운명적이었던 위스키 인생

1894년 6월 20일, 나는 히로시마広島현 타케하라竹原 마을(현 타케하라시) 양조장의 3남으로 태어났다. 가업을 잇기 위해 오사카공업고등학교大阪高等工業(현 오사카대학大阪大学) 양조학과에 들어가 위스키에 흥미를 가지고 난 뒤, 오로지 위스키만 만들며 인생을 살아왔다.

나는 이렇게 간단한 이력으로 정리되는 사람이다.

지금까지 닛케이[†]에서 「나의 이력서私の履歴書」[‡]에 글을 써 보

[†] 일본의 유명 신문사인 『일본경제신문日本経済新聞』의 일본어 발음 '니혼케이자이신분'을 줄여서 닛케이라고 부른다.
[‡] 1956년부터 시작되어 50년 이상 이어져 오고 있는 『일본경제신문』칼럼. 각 분야에서 후

운명적이었던 위스키 인생 • 19

라고 자주 권유 받았는데도 거절했었다. 위에 적은 이력 외에는 내세울 것도 없고, 내가 그런 곳에 글을 쓸 만한 사람이 아니라고 생각했기 때문이다. 그런데 계속 권유받으면서 다시 생각해 보니, 어차피 죽으면 기록조차 할 수가 없을 것 같았다. 그래서 자만하지 않기를 다짐하며 사실만을 간단하게 간추려서 지금까지 위스키를 만들어왔던 경험에 대해 이야기하기로 했다.

현재 영국 이외의 나라에서 '스카치 스타일scotch style'의 위스키를 만드는 나라는 일본뿐으로,† 나는 그 위스키를 만들기 위해 최초로 영국에 가서 공부하고 온 사람이다. 내 이력이라 봐야 이 정도뿐이지만, 겨우 이 정도를 지금까지 50년 이상 걸려서 해 오고 있다. 그런데도 아직 '만족'이라고 할 만한 곳까지 도달하지도 못했다. 그러나 어찌됐든 이 정도까지 되는 데도 많은 사람의 신세를 졌다.

위스키가 전 세계인의 사랑을 받는 시대가 된 오늘날, 만약 내가 일본 위스키 탄생에 몇 가지 공헌을 했다고 한다면, 그것은 내게 힘을 빌려주고 격려를 아끼지 않은 사람들이 주신 선물일 것이다.

세에 남길 만한 업적을 이룬 유명 인사의 자전적 이야기를 다룬다.
† 타케츠루가 이 책을 집필할 당시인 1968년에는 일본뿐이었으나 현재는 수십 개의 나라에서 스카치 스타일의 위스키를 만들고 있다.

나는 운명이란 것을 믿는 사람은 아니지만 인생과 운명의 관계에는 두 가지 형태가 있는 것이 아닐까 생각한다.

하나는 자신의 운명에 도전하며 살아가면서 그 문을 대부분 자신의 힘으로 열고 나아가는 형태다. 다른 하나는 주변 사람의 호의와 협력 덕분에 나아갈 수 있는 기회가 주어지면서 저절로 문이 열리는 형태다. 나는 어느 쪽인가 하면 후자였다.

사실 내게는 그렇게 저절로 열린 문이 참 많았다.

예를 들면, 두 명의 형들이 양조 가업을 잇는다고 했으면 내가 양조학을 공부할 일은 없었을 것이다. 또한 지금은 고인이 된 셋츠주조攝津酒造의 아베 키헤이阿部喜兵衛 사장님이 일본에서 위스키를 만들겠다는 결심을 하지 않았다면 내가 아무리 위스키 만들기에 관심이 있다 한들 스코틀랜드에 유학갈 일은 없었을 것이다.

영국 글래스고 대학University of Glasgow의 윌리엄 박사[1]와 이네 박사, 그랜트 공장장 등 여러 사람의 협력이 없었다면, 위스키 만드는 법을 배울 수 없었을뿐더러 스코틀랜드 본고장의 몰트 위스키malt whisky 증류소에 한 걸음도 다가갈 수 없었을 것이다. 더구나 당시 시대 상황에서 영일 동맹이라는 정치적 배경이 없었다면, 영국의 위스키 증류소가 나를 견습생으로 받아들이고 실습을 허가해 주었을 것인지도 의심스럽다.

코토부키야寿屋(현재 산토리サントリー의 전신)의 토리이 신지로鳥井信治郎 사장이 위스키의 장래성을 확신하고 "위스키 양조에 돈은 얼마든지 낼 테니, 너에게 모든 것을 맡긴다"라며 만든 야마자키山崎 증류소가 없었다면 과연 일본은 오늘날같이 위스키를 만들 수 있는 나라가 될 수 있었을까.

그리고 내가 코토부키야에서 독립해서 지금의 회사를 설립할 때는 영국 유학 시절부터 신세지고 있던 야나기사와 야스토시柳沢保恵 백작과 시바카와 마타사부로芝川又三 씨, 카가 쇼타로加賀正太 씨의 절대적인 협력이 있기도 했다. 또한, 내 염원이었던 코페이 그레인coffey grain[†]을 일본에서 처음 만들 때도 야마모토 타메사부로山本為三 씨(당시 아사히 맥주² 사장)의 적극적인 지원이 있었다.

이렇게 생각해 보면 내가 위스키 만드는 일에 정진할 수 있었던 것은 많은 분들의 도움이 운명의 문을 차례로 열어주었기 때문이며, 덕분에 하나의 길로 저절로 나아갈 수 있었다고 해도 과언이 아니다.

---

† 연속식 증류기

어릴 적부터 술의 세계에서

내가 태어난 히로시마현 타케하라 마을에는 에도 막부 말기 청년들을 계몽시켰던 『일본외사日本外史』의 저자 라이 산요賴山陽가 태어난 곳이다. 라이 집안은 산요의 아버지 라이 슌스이賴春水, 슌스이의 동생 라이 쿄헤이賴杏坪, 그리고 언덕 너머에는 슌스이의 아버지 라이 코레스가賴惟清 등 수재이자 꿈을 좇는 로맨티스트가 많았다.

세토나이瀨戶內해에 접한 타케하라시가 그렇게 만들었는지, 나 역시 로맨티스트였다. 타케하라시는 오노미치尾道市와 쿠레吳市의 중간에 위치해 있으며 삼면이 산으로 둘러싸여 있고

• 타케츠루 집안의 가족 사진. 앞 열 중앙 마사타카 5세(1899년)

남쪽으로는 내해에 접하고 있는데, 바다에는 크고 작은 섬들이 펼쳐져 있어 천혜의 경치를 자랑하는 곳이다.

야마토 나라 시대의 야요이弥生式 문화의 흔적과 고분이 남아 있기도 하고, 에도 시대에는 라이 가문, 카라사키唐崎 가문을 중심으로 문학이 번성하여 천하에 이름을 알렸던 곳이기도 하다.

이 마을은 당시 문인들이 '아키의 교토'†라고 불렀을 정도로

---

† 아키는 히로시마현의 지명으로 에도 시대 마을을 잘 보존하고 있어서 작은 교토라고 불린다.

오래된 집들이 이어져 있었고, 그 차분한 느낌이 내 어린 시절 기억에 남아 있다.

아키는 에도 시대에 술과 소금의 산지로도 유명했다. 술은 1634년부터 만들기 시작했고, 지금도 십수 개의 양조장이 남아있다. 소금은 1650년 반슈아코播州赤穂†로부터 기술을 도입했지만, 한때는 효고현 아코시와 함께 전국에 판로를 갖고 있을 정도로 번성했다.

우리 집은 해안과 가까운 나루이 강변에 있었다. 본가는 쿄호享保‡ 시대 때부터 이어져 오고 있는 양조장이었고, 우리 집은 할머니 대에서 분가했다. 타케츠루는 내 성인데, 우리 집은 타케츠루라는 이름의 술도 만들어 팔고 있었다. 술의 이름과 양조장의 이름이 같은 곳은 전국의 수많은 양조장 중 타케츠루가 유일했다. 할머니 말에 따르면 메이지 유신으로 성씨를 받을 때, 관청에서 술 이름과 착각해서 술 이름이 성이 되어버렸다고 한다.

아버지의 이름은 케이지로敬次, 어머니의 이름은 쵸우チョウ였고, '타케츠루竹鶴', '슌신春心'이라는 술을 만들어 팔면서도 염전

---
† 효고현 소재 유명 소금 산지, 일본 제염 역사의 중심지
‡ 1716년부터 1736년까지의 일본 연호

을 만들거나 실을 만드는 등 굉장히 활동적이며 신체 건강한 부모님이었다. 아버지는 "술은 만드는 사람의 마음이 담기는 것이다"라고 입버릇처럼 말하셨다. 또 "술은 한 번 죽은 쌀을 다시 살려내는 것이지"라고도 하셨다.

양조에 관한 어릴 적 기억은 아직까지도 많이 남아 있다. 매년 10월 말에 가까워지면, 양조용 쌀이 점점 들어오기 시작하여 쌀로 산이 만들어진다. 그리고 근교의 양조 장인들이 모여들면 집안은 불에 타오르는 것처럼 활기가 넘쳐났다.

양조 경험이 많은 기술자를 토지杜氏라고 불렀고, 토지들을 부리는 베테랑 토지는 '오야지おやじ'라고 불렀다.

곰팡이가 번식하거나 발효통에서 거품이 솟아나는 광경을 보고 있으면 죽은 쌀을 되살려 낸다는 아버지의 말씀이 머리 속에 떠올라 마법을 보고 있는 것 같은 기분이 들었다.

하루 전에 씻어서 서늘한 곳에서 물기를 뺀 쌀은 시루에 넣고 큰 가마솥에 찐다. 잘 쪄졌는지 확인하기 위해 찐 쌀을 손바닥 위에서 굴리면 순식간에 동글동글한 떡이 만들어진다. 이 떡은 '히네리모찌ひねりもち'라고 불렀는데 구워 먹으면 향기가 매우 좋고 맛있었다.

그해 첫 술을 내리면 토지나 장인 그리고 친척들이 모여 새

술에 대한 축하 의식을 했다. 이날 저녁에 촛대에 촛불을 밝혀 세워 두는데, 어릴 적에는 이 축제를 손꼽아 기다렸다.

봄이 되면 양조에 사용되었던 통이나 술지게미를 담았던 주머니 등을 말리기 위해 양조장 앞마당이 가득 찬다. 그러면 우리 같은 아이들은 아직 술 냄새가 남아 있던 통 아래에서 숨바꼭질을 하곤 했다. 이렇게 태어나 자라는 동안, 술의 세계가 이미 나를 감싸고 있었다.

아버지의 양조에 대한 태도는 매우 엄격했다. 신성한 마음과 몸으로 술을 만들고 계셨다.

사케日本酒 양조장은 금녀의 구역이었으며, 술을 만드는 기간에는 일하는 사람 전부 금욕이 상식이었다. 술을 만들 때는 좋은 효모균을 키워내야 하고, 창고를 항상 좋은 상태로 유지하고 관리해야 하기 때문이다. 한번 술이 맛없게 되면 계속 맛이 없게 되어버리니, 한번 시작하면 나쁜 버릇이라도 잘 고치지 않게 된 것이 아닐까 생각한다.

지금 와서 생각해 보면, 아버지를 통해 알게 모르게 술을 엄격하게 만드는 것이 내 피와 살이 된 것 같다.

위스키를 사랑한 총리대신과의 추억

초등학교는 내 집 건너편에 있던 타케하라 초등학교에 다녔다. 다리가 약 500미터나 떨어져 있었고, 형제자매가 많았기 때문에 집에서 배를 마련해서 강을 건넜다.

돌아올 때는 건너편 둑에 있는 벚꽃나무 아래에서 만나 전원이 모이면 강 건너편 집을 향해 큰 소리로 외쳤다. "어이! 돌아간다!" 그 소리를 신호로 배가 마중 나왔다. 참으로 한가로운 풍경이었다.

그 배의 선장은 스모 선수였다. 옛날에는 아마추어 스모 대회가 성행하여, 지방마다 오오제키大關도 있고, 코무스비小結도 있었다.† 그리고 대회가 열리면 지위가 오르락내리락했다. 그 스모 선수 한 명을 우리 집에서 데리고 있었는데, 그는 배와 관련된 일도 겸하고 있었다.

나는 상당한 장난꾸러기였던 것 같다. 그 시절의 흔적은 지금도 상당 부분 남아 있다. 그중에서 여덟 살 때 2층 계단에서 굴리 떨어져 코를 다치며 실신한 것이 가장 심한 사건이었다. 온 얼굴이 피투성이가 되었고, 7바늘이나 꿰맸다. 목숨은 건졌지만 어머니가 밤새 간호를 하셔야만 했다.

이 사고로 내 큰 코가 더 커졌다. 게다가 냄새도 더 잘 맡게 된 것인지, 다른 사람들이 맡지 못하는 냄새도 맡을 수 있게 되었다. 그 후, 술의 향을 구분하는 것도 남들보다 뛰어나게 되었는데, 그것이 이때의 사고 때문이라니 인생이란 참으로 알 수 없는 것 같다.

열 살 때 러일 전쟁이 발발했다. 해전 때문에 러시아 발틱 함대가 큐슈로 접근하고 있다는 소식을 듣고 숨 쉴 수 없을 정도로 긴장했던 기억이 난다.

중학교는 타케하라 마을이 아니라 지금은 타케하라시에 병

---

† 오오제키, 코스무비 모두 스모의 등급이다. 오오제키는 최상위권, 코무스비는 최하위권이다.

합된 타다노우미忠海 중학교3에 들어갔다. 당시 타다노우미 중학교 교복은 해군의 옷과 같은 형태로 빨강, 노랑, 초록, 파랑의 가슴 리본 색으로 학년을 구분하고 있었다. 그리고 에타지마江田島가 가까운 탓인지 해군 학교에 들어가는 학생도 많았다.

중학교는 약 8킬로미터의 거리를 친구들과 함께 걸어 다녔다. 어린아이가 매일 왕복 4시간의 거리를 걷는 것은 매우 피곤한 일이었다. 전날 저녁에 아침, 점심 두 끼의 도시락을 싸서 학교 가는 도중 고갯길에 형과 함께 아침 도시락을 먹었다.

집에서 식사를 안 했던 이유는 아침이 너무 빠르니 여종이 너무 힘들 것이라는 어머니의 배려였다. 2학기가 되자 내 체력을 걱정하셨던 어머니가 학교와 집 중간 즈음에 있는 후쿠다라는 마을에 집 한 채를 구해 주셨고, 나와 형은 스스로 밥을 해 먹기 시작했다.

자취 생활은 꽤나 힘들었다. 반찬은 일요일에 집에서 대량으로 가져온다지만 밥은 매일 지어먹어야 했다. 그래서 형과 하루씩 교대로 취사 당번을 정했다. 하루 쌀 소비량을 8합合†으로 잡고, 머리를 맞대 가며 식단 계획을 세웠다. 계절 채소

---
† 1합은 약 150그램이다.

를 충분히 사용하고 나중에는 바다에 나가 생선을 잡아서 요리했다.

바닷가에서 수영하며 문어를 잡았던 즐거운 기억은 당시 매우 귀찮았던 램프 청소와 함께 가슴에 깊이 새겨져 있다.

1년의 자취 생활 후, 형은 졸업을 했다. 그래서 나는 타다노우미 중학교 근처에서 하숙을 시작했다. 형과 함께한 후쿠다 마을에서의 자취 생활이 내 인격을 형성했다고 말하면 과장일 수도 있다. 그러나 자연의 신선한 맛을 사랑하게 되었고 스스로 요리하는 습관을 만들어 준 것은 틀림없다.

3학년 때부터는 기숙사에 들어갔다. 옛날 중학교의 상하 관계는 군대의 규율과 비슷할 정도로 엄격했고, 기숙사는 그 엄격함의 척도였다. 하급생은 상급생 주위의 귀찮은 일을 도맡아서 했다.

그 하급생 중 전 총리대신이었던 이케다 하야토池田勇人 씨가 있었는데, 그가 내 이불을 정리해 줬던 것도 그리운 일이다. 이케다 씨는 나에 대해 "사용하지도 않는 죽도를 갖고 다니며 기숙사를 점검하는 사감 타케츠루 씨는 유도도 하고 있어서 매우 무서웠던 느낌이 들었다"고 말했다고 한다.

재계에서 정계로 진출한 이케다 씨와 위스키 만들기에 전념

한 내 우정은 계속 이어졌다. 이케다 씨는 내가 만든 위스키의 팬이기도 했다. 그는 많은 사람에게 니카日果† 위스키를 추천했고, 그에게 니카 위스키를 선물받은 사람도 많았다고 한다. 또한 외국 고위 관료들이 일본에 왔을 때는 '니카 슈퍼 위스키スーパーニッカウイスキー'를 자랑스럽게 소개하는 것이 이케다 씨의 즐거움 중 하나였다.

영국의 흄 부총리가 일본에 왔을 때 "50년 전 똑똑한 일본 청년 하나가 한 자루의 만년필과 노트로 영국 위스키의 비밀을 훔쳐 갔다"고 이케다 씨에게 이야기한 일화는 한때 매우 유명했다.

IMF 총회 때 각국 대표자 등 3,000여 명이 모이는 파티가 있었는데, "이런 국제적인 행사에 스카치 위스키는 절대 사용하지 마라"고 명령해 국산 위스키를 사용하게 된 것도 이케다 씨 덕분이다.

잊을 수 없는 우정은 아직 더 있다. 영국의 길베이진Gilbey's Gin과 니카가 제휴를 맺었을 때의 일이다. 1963년, 서의 칭호를 갖고 있던 아서 길베이Arthur Gilbey가 오쿨라 호텔에서 진행하는

---

† 日果의 발음은 는 닛카ニッカ에 더 가깝다. 그러나 한글 이름으로는 '니카'로 더 많이 알려져 있기 때문에 니카로 표기했다.

제휴 발표 행사에 참석할 예정이었다. 이케다 씨는 마침 총선거일이라 매우 바쁜 날임에도 불구하고 선거 본부를 빠져나와 참석해 주었다. 그는 정말 의리 있는 남자였다.

이케다 씨가 병에 걸렸을 때, 나는 홋카이도 요이치余市 집에서 키우던 옥수수를 직접 자르고 감자를 캐서 그중에 고르고 골라 기도하는 마음으로 보내곤 했다. 하지만 안타깝게도 이케다 씨는 이제 없다. 그리고 함께했던 기숙사 생활도 이제는 먼 옛날 일이 되어 버렸다.

양주 제조에 발을 담그다

그 시절 청년들은 꿈이 컸다. 그래서 첫째 형은 와세다 대학 상과를 나와 친척 두 명과 싱가포르에 가서 고무 재배 사업을 시도했다. 둘째 형도 양조장은 싫어했다. 큐슈대학 공학부를 졸업하고 석탄 회사에 취업해 홋카이도로 넘어갔다. 결국 가업을 이을 사람은 나밖에 없었다. 게다가 나는 학교에서 과학 과목을 잘했기 때문에 부모님의 기대는 매우 컸다.

사케 양조장이라는 낡은 업종에 저항감을 느꼈지만, 학문적인 흥미 역시 갖고 있어서 오사카고등공업학교大阪高等工業 양조학과에 들어갔다. 1913년 당시에 양조학을 배울 수 있었던 학교는 이곳 하나 밖에 없었다.

학문 쪽에서는 양조학의 권위자 츠보이 센타로坪井仙太路 박사에 심취했다. 츠보이 박사는 활력소의 창조 등을 통해 양조 업계에 획기적인 기여를 했고, 인격적으로도 매력이 있었다. 1931년에는 츠보이 박사의 덕을 좇는 졸업생들과 업계 관계자들의 힘으로 교내에 츠보이 기념관이 세워지기도 했다.

운동은 유도부에서 했다. 대외 시합도 많았고 가장 라이벌이었던 오사카제국부립대학大阪帝国府立大学 의과대학과의 경쟁도 있었다. 이 학교와 우리 오사카공업학교가 합쳐져 나중에 오사카제국대학이 되었다.

1916년, 졸업하던 해의 일이다. 고향으로 돌아가 코타츠에서 졸고 있을 때였다. 가업을 잇기로 정해져 있던 당시의 나는, 앞으로의 긴 삶을 타케하라라는 작은 시골 마을에서 술이나 만들다 끝낼 것인가 하는 감상에 젖어 있었다.

양조과에는 양조장 출신의 동기들이 많았는데, 4월에 졸업을 하면 고향으로 돌아갔다가 그해 12월에 1년간 군대에 복무하다 제대 후 가업을 잇는 사람이 대부분이었다.

당시 나는 유도로 몸이 단련되었기 때문에 지나치게 건강했다. 12월에 징병될 것이 틀림없었다. 사케 양조는 겨울에 시작되기 때문에 4월 말부터 12월까지는 할 일이 별로 없다. 학교에서 양주에 흥미를 갖고 공부를 해 온 나는 이 기간만이라도 양주 만드는 일을 실제로 해 보고 싶다는 생각이 들었다. '해 보고 싶다.' 그렇게 생각하기 시작하면 멈출 수가 없게 된다.

당시 양주 메이커의 일인자는 오사카의 스미요시住吉에 있는 셋츠주조였다. 조사해 보니 셋츠주조에는 오사카공업학교 양조학과 1기 출신의 이와이 키이치로岩井喜一郎 씨가 상무로 있었다. 그런데 셋츠주조에는 14기인 내가 졸업할 때까지 양조학과 출신이 단 한 명도 없다는 것을 확인했다. 그래서 이와이 씨를 만나서 부탁해 보기로 결심했다. 학교 시험이 끝나자 마자 전철을 타고 이와이 씨를 찾아갔다.

이와이 씨는 내 이야기를 잠자코 듣고 있다가 곧바로 아베 키헤이 사장님 방에 데려갔다. 나는 아베 사장님에게 12월에 군대 징병이 있을 것이고 끝나면 고향으로 돌아가 가업을 이어야 한다는 등 모든 사정을 사실대로 말했다. 그러자 아베 사장은 "내일부터 출근하도록"이라며 입사를 허락했다. 아베 사장님은 본인의 청년 시절을 보는 것 같다며 내 엉뚱한 제안이 완전히 마음에 들었다고 나중에 다른 사람들에게 말했다고 한다.

졸업 전의 일이니까 요새 유행하는 조기 취업과 같은 형태지만, 나는 직접 찾아가 그것을 달성한 것이다.

이렇게 해서 3월 초부터 동경하는 양주 만들기에 종사할 수 있게 되었다. 그래서 4월 말 졸업식에는 양복을 입고 출석하여 친구들의 큰 부러움을 샀다.

일본의 양주는 당시부터 쇼와昭和† 초기까지 포도주를 제외하고는 모두 가짜였다. 위스키도 개화와 함께 들어오긴 했으나, 1858년 미일수호통상조약으로 알코올이 싸게 수입되었기 때문에 약재 도매상을 중심으로 가짜 위스키가 제조되었다.

가짜 위스키는 돈이 되는 상품이었기에 그 양이 점점 많아졌다. 그러다가 1899년 조약이 개정되면서 알코올 수입 관세가 올라갔고, 1901년에 청주 보호를 위시한 주세법, 주정 및 주정 함유 음료법이 공포됨에 따라 결국 가짜 양주는 돈벌이가 나빠지게 되었다. 약재 도매상은 차례로 손을 떼기 시작했다.

한편, 메이지明治‡ 시기에 정부는 알코올 제조를 장려했기 때문에 관련 법도 제정했다. 양주 제조는 차츰 대규모 알코올업자들에게 넘어가기 시작했다.

---

† 1926년부터 1989년까지 일본의 연호.
‡ 1868년부터 1912년까지 일본의 연호.

처음 양주를 만들어 보다

학교를 나와 처음으로 하는 일은 즐거웠다. 가짜 양주긴 했지만 나는 양주 만들기에 빠져들었다. 현장 근로자들과 같은 옷을 입고 돌아다니고, 런던의 부시 컴퍼니W.J. Bush Co., Ltd.에서 나온 레시피를 참고하면서 지금까지와는 조금이라도 다른 조합을 시도해 보는 연구를 지속했다.

겨울 밤, 늦어지면 종종 집에 돌아가지 않고 알코올을 만드느라 따뜻해진 증류탑 옆에서 잠을 청하곤 했다. 입사한 지 얼마 되지 않은 때였던 탓도 있었고, 후지타라고 하는 셋츠주조 증류 기술자로부터 "너에게는 아직은 일러!", "이제 막 학교 졸업해서 뭘 할 수 있겠어" 이런 소리를 듣고 나니 뭐든지 흡수하려는 정신이 왕성해졌다. 그런 만큼 아베 사장님이나 이와이 선배로부터 신뢰를 얻게 되었고 입사한 지 얼마 되지 않아 양주 쪽 주임으로 발탁되었다.

당시 일본의 대표적인 알코올 증류업체라고 하면 셋츠주조 외에는 카미야주조神谷酒造, 대일본제약大日本製藥 등이 있었다. 셋츠주조는 1907년부터 알코올 제조를 시작했고, 1911년부터는 그 알코올을 원료로 하여 가짜 위스키를 만들기 시작했다. 하지만 이와이 씨 등의 노력과 연구의 결과로 알코올의 좋지 않은 냄새를 제거하는 '푸젤 오일 세퍼레이터fusel oil separator'라는 장치가 성공적으로 작동했기 때문에 품질이 좋기로 정평이 나 있었다.

내가 셋츠주조에 있을 무렵의 주된 고객은 코니시기스케상점, 코토부키야, 토야마상점, 에치고야 등이 있었다. 셋츠주조는 각 상점들의 위탁을 받아 양주를 만들었다. 토리이鳥居† 마크를 달고 팔렸던 아카몬 포도주는 코니시기스케상점에서 판매했고, 에르메스 위스키와 아카타마 포트와인은 코토부키야에서 판매했지만 그 중심에는 셋츠주조가 있었다.

† 신사 입구에 세운 기둥문.

각 상점의 주문에 따라 위스키, 포도주, 리큐르 등을 만들고 1석(약 180리터)이 들어가는 오크통에 넣어 보냈다. 이것이 내 일이었다. 위스키는 가짜였지만 포도주는 프랑스에서 수입하여 알코올, 설탕 등을 추가하여 일본인 입맛에 맞게 만든 것이었다. 그 최상급 포도주에는 수입산 포도주를 50% 정도 사용하고 있었다.

토리이 신지로 씨와 알게 된 것은 이즈음이었다. 영업과 홍보에 꽤 열심인 훌륭한 사람이라고 듣고 있었다. 토리이 씨는 코니시기스케상점 출신이었다. 코니시 기스케라는 사람은 오사카 도쇼마치道修町의 약재 도매상으로 1877년에 칸사이 지방에서 가장 먼저 포도주나 브랜디, 가짜 위스키 등을 만들었던 사람이다. 토리이 씨는 바로 이 코니시 기스케 씨 밑에서 포도주를 공부하고 독립했다. 그 시절 토리이 씨는 남쪽의 스미요시住吉 마을의 자택에 병입 공장도 갖고 있었고, 바쁠 때는 그의 부인 쿠니 씨가 거들기도 했다.

내가 셋츠주조에서 아카타마 포트와인을 만들고 있었을 때, 여름의 무더위 때문에 상점에서 판매 중이던 포도주가 폭발하는 큰 소동이 일어났다. 하지만 아카타마 포트와인은 단 한 병도 터지지 않았다. 폭발의 원인은 살균이 부족하여 살아남은 효모가 더위로 인하여 발효가 진행되었기 때문이었다. 이 사건으로 토리이 씨의 코토부키야 아카타마 포트와인의 인기는 점점 높아졌다.

이런 일이 있은 후, 토리이 씨는 "이번에 들어간 기사는 꽤 좋은데" 이런 이야기를 아베 사장과 나누었다고 한다. 이 일이 계기가 되어서 토리이 씨는 내가 스코틀랜드에 갈 때 고베 항구까지 일부러 배웅 나와 주셨다. 그 후 나에게 교토의 야마자키 증류소를 맡기기도 하는 등 내 은인이자 일본 위스키계의 은인이다.

그런데 당시에 위스키는 가짜를 만들었지만, 포도주는 양조용 포도 재배부터 시작해서 돈이 되지도 않는 고난의 길에 인생을 건 사람이 많았다.

오션 위스키オーシャン ウイスキー의 전신 다이코쿠포도주大黒葡萄酒[4]의 창업자 미야자키 코타로宮崎光太郎 씨를 비롯해, 오자와 젠페이小沢善平 씨, 타카노 마사나리高野正誠 씨, 후쿠바 하야토福羽逸人 씨, 카와카미 젠베川上善兵衛 씨 등의 공헌은 일본 양주계가 영원히 기억해야 한다. 그중에서도 니가타新潟현에서 태어나 산간 농촌 사람들을 위해 포도주 만들기에 사재를 털어 일생을 바친 카와카미 젠베 씨의 노력은 초인적이었다.

독학으로 원서를 읽고 외국으로부터 포도 묘목을 가져와 포도주 만들기에 일생을 바쳤고, 결국 성공했다. 카와카미 씨 본인의 말년은 불우했지만, 포도주 양조는 매년 번창했다.

위스키 공부를 위해 영국으로 떠나다

12월 징병검사는 곧바로 찾아왔다. 검사는 오사카에서 받았다. 지금도 건강하지만 젊었을 때는 근육 빵빵에 몸만은 자신 있었다.

  검사관은 중위였다. 여러 가지 검사를 끝내고 검사관 앞에 서면 '갑종' 도장이 찍힌 종이를 들어 올려 보이고 잠시 멈췄다가 왼손으로는 서류를 뒤집었다. 그리고 내가 셋츠주조의 기술자로 알코올 제조에 종사하고 있는 것을 눈치챈 듯 "알코올은 화약을 만드는 데 필수다. 힘낼 수 있도록" 이렇게 말하고는 '을종'이 찍힌 종이를 돌려받았다.

제1차 세계대전에 일본도 참전하여 독일령 아오지마나 난요군도를 점령했던 시대였지만 병력은 거의 사용하지 않았다. 알코올은 화약 제조에 필수이니 나는 이미 군수 산업의 한 부분을 맡고 있다고 생각했다. 더욱이 당시는 군비 축소의 시대이기도 했고 병력도 남아돌았다. 농촌에서 모여드는 군인만으로도 충분했기에 무리해서 나 같은 기술자를 뽑지 않아도 됐다.

회사에 돌아와 이런 경위를 설명하자 아베 사장님은 매우 기뻐했다. 얼마 지나지 않아 사장님은 나를 사장실로 불러 이렇게 말했다

"타케츠루 군, 자네 스코틀랜드에 가서 몰트위스키를 공부하고 올 생각은 없는가? 우리 회사의 위스키가 지금은 팔리고 있지만 언제까지나 가짜 위스키의 시대가 지속할 리는 없고 품질의 한계도 분명하다고 생각하네. 자네가 뜻이 있다면 위스키 본고장인 영국으로 유학 가서 그 기술을 배워 왔으면 좋겠어."

갑자기 이런 제안을 받으니 선뜻 대답을 하기가 힘들 정도로 벅차올랐다. 위스키 공부의 성지인 스코틀랜드로 유학 갈 수 있다는 기술자로서의 기쁨과 입사한 지 1년도 채 되지 않은 애송이가 그 정도까지 신뢰받고 있었다는 인간으로서의 감

동, 이 두 가지가 교차하면서 찌르는 듯한 감격이 덮친 것이다.

그런데 그때부터가 고생이었다. 고향 타케하라의 부모님은 이 사실을 알게 되자 오히려 낙담했고 쉽게 동의하지 못했다.

"나도 나이가 있는데. 마사타카가 돌아오기만을 기대하며 술을 만들고 있었는데!"

아버지의 이 말이 내게는 가장 큰 아픔이었다.

내게는 기쁨과 감격이, 부모님께는 슬픔과 낙담이었다. 그러자 아베 사장님은 오사카에서 히로시마까지 오셔서 부모님을 설득해 주셨다. 끝까지 반대하셨던 아버지도 아베 사장님의 열의에 감동한 어머니의 설득으로 끝내 뜻을 굽히셨다. 그리고 가업은 어쩔 수 없이 친척에게 물려줄 수밖에 없었다.

셋츠주조에서 내 후임으로는 오사카공업학교 출신 두 명의 입사가 결정되었다. 그중 한 명인 나가이 군은 나와 같은 히로시마 출신으로 별종들이 모인 양조학과 중에서도 으뜸가는 별종이었다.

이것으로 모든 준비가 갖춰졌고, 영국에는 최대한 빨리 출발할 수 있게 되었다.

당시의 호황은 1차 세계대전 덕택이었다. 수출은 점점 늘어났지만 수입은 거의 그대로였기 때문에 일본은 엄청난 이익

을 올리고 있었다. '보가 금이 되는步が金になる'†이른바 일확천금의 시대였다.

그 때문에 양주는 잘 팔렸다. 특히 1918년부터 9년간은 셋츠주조의 황금시대였다. 스코틀랜드에서 내가 쓰는 유학비와 일본에 남아 있던 나가이 군의 상여금이 거의 같을 정도로 호황기였다. 지금 시대의 사람들은 도저히 믿기 힘들 정도였다.

이케다 씨가 총리가 되었을 때 히로시마현 모임에서 나가이 군을 오랜만에 만났는데, 당시 일을 떠올리며 이렇게 말해서 둘이 크게 웃은 적이 있다. "같은 돈을 당신은 위스키 공부에, 우리는 스미요시 공원의 요정에 쏟아부은 셈이군."

출발은 1918년 7월 초 고베항에서 동양기선東洋汽船의 천양환天洋丸이라는 배를 타는 것이었다. 성대한 배웅에는 아베 사장과 내 부모님을 시작으로 고토부키야의 토리이 신지로 씨, 일본제병日本製壜의 야마모토 타메사부로山本為三郎 씨도 있었다.

나중에 일본 양조업계에서 크게 활약하게 될 두 분의 배웅으로 위스키 공부를 하러 간 것은 정말로 기묘한 인연이 아닐까 싶다.

---

† 일본 장기 용어. 일본 장기말 중 하나인 보는 앞으로 한 칸 밖에 움직이지 못하지만 상대의 진영에 들어가면 좌우 대각선을 자유롭게 움직일 수 있는 금이 된다.

미국에서의 와인 공부 그리고 술의 철학

영국에는 미국을 경유해 갔기 때문에 가장 먼저 상륙한 곳은 샌프란시스코였다. 나는 처음 본 외국 마을 메인스트리트의 건물과 상점들의 화려함에 깜짝 놀랐다.

일본에서 가지고 간 달러로 쇼핑할 때면 번쩍번쩍한 금화를 거스름돈으로 받았다. 그리고 쇼핑할 때마다 귀찮지만 달러로 냈다. 그래야 또 금화를 받을 수 있으니까. 금세 금화로 주머니가 꽉 찼고, 그 무게 때문에 걷기 불편할 정도였다.

당시는 1달러 2엔, 1파운드 8엔의 시대로 이 마을에서 와이셔츠를 90센트 주고 산 기억이 있다. 지금이야 샌프란시스코를 보고 놀랄 일본인 관광객은 없겠지만, 다이쇼大正† 중기 일본 마을과 외국 마을은 그 정도로 차이가 컸다.

샌프란시스코에서는 중학교 선배 타카이 세이고高井誠吾 씨에게 신세를 졌다. 내가 미국을 경유해서 영국으로 건너간 것도 타카이 씨의 추천이 있었기 때문이었고, 새크라멘토에 있는 와이너리에 견학을 가기 위해서이기도 했다.

타카이 씨는 미국에서 딸기 재배에 성공하여 일본으로 돌아왔을 때 셋츠주조에 부인과 함께 찾아왔었다.

"타케츠루 군이 영국으로 간다고 들었는데, 미국을 경유해서 새크라멘토에 있는 와이너리에 가보는 게 어떤가? 그곳 경영자가 지인이라서 어떤 무리한 부탁이라도 들어줄 걸세." 이 친절한 조언에 아베 사장님도 대찬성을 했다.

샌프란시스코에서 새크라멘토 와이너리까지는 타카이 씨의 차로 이동했다. 이 일대 스톡튼Stockton, 프레즈노Fresno는 미국에서도 유명한 포도 산지다. 그 와이너리는 캘리포니아 와이너리라는 회사로 뱅크오브아메리카Bank of America의 창립자 아마데오 피에트로 지아니니Amadeo Pietro Giannini 가문에서 경영하며 와인을 만들고 있었다.

---

† 1912년부터 1926년까지 일본 연호.

큰 방의 크기만 한 탱크에 포도를 압착하여 넣고 발효시키는 상당히 큰 규모의 생산 방식이었다. 낮에는 와이너리, 밤에는 영어 선생님과 회화 공부를 이어 나갔다.

이곳의 생산 방식은 나중에 공부하러 간 이탈리아나 프랑스와 같은 와인을 만드는 것이라고 믿기 힘들 정도로 대조적이었다.

위스키도 그렇지만 좋은 술을 만들기 위해서는 규모나 설비로 해결할 수 없는 부분이 있다. 숙성을 차분히 참고 기다릴 수 있는 정신이나 기질이 없으면 절대 좋은 술은 만들 수 없다는 것이 나의 술 만드는 철학 중 하나인데, 그것을 알 수 있게 되었다는 점에서 캘리포니아 와이너리에서의 공부가 큰 도움이 되었다.

미국인은 국민성 측면에서 좋은 술을 만들기에 좀 부족한 면이 있는 게 아닌가 하는 게 내 생각이다.

내가 새크라멘토에서 공부를 하고 있을 때 마침 일본에서 그 유명한 쌀 소동[+]이 일어나고 있었다. 새크라멘토 생활을 정리하고 기차로 로키산맥을 넘어 뉴욕으로 가고 있을 때, 나 외에 일본인 한 명이 같은 기차에 타고 있었다. 쌀 소동으로 희생된

[+] 1918년 쌀값이 갑자기 올라 일어난 민중 폭동.

고베 스즈키상점의 장남으로 그 기차 안에서 '빨리 돌아와'라는 전보를 받은 것은 매우 안타까운 일이었다.

뉴욕에 도착하자마자 영국행 여권과 승선권을 신청했다. 그런데 곤란하게도 계속 허가가 나지 않았다. 1차 세계대전 중이었던 미국은 독일 잠수함의 공격을 받고 있었고, 병력과 물자를 유럽 연합군에 보내는 데 열을 올리고 있던 때라 한 외국인의 여권 따위는 신경 쓸 겨를이 없었던 게 현실이었을지도 모른다.

이를 보고 있던 하숙집 아저씨는 매우 재미있는 미국인이었다. 나를 붙잡고서 "대통령인 윌슨에게 전보로 불만을 보내 봐"라며 방법을 알려줬다. 그런 게 가능할 리가 없을 것 같아 매우 놀랐지만 그는 "괜찮아 해봐"라고 말했다. 그래서 반신반의하며 대통령에게 "왜 내 여권의 사증 발급을 허가하지 않는 것인가, 영국에 갈 수 없어서 곤란하다"라고 전보를 쳤다. 그러자 놀랍게도 그다음 날 이민국에서 연락이 와서 비자와 승선권이 단번에 해결됐다. 미국은 참으로 재미있는 나라라며 감탄했다.

글래스고 대학에 입학하다

내가 탄 오르도나호의 승객은 유럽의 전쟁터로 가는 군인이 대부분이었고 그 밖에 민간인 약간이 있었다. 독일 잠수함에 당하고 있을 때라 피난 훈련을 하면서 대서양을 항해했다.

그러던 중 드디어 기다리고 기다리던 영국 리버풀항에 도착하기 전날 늦은 밤의 일이었다. 대부분의 사람은 자고 있을 시간이었지만 나는 어머니께 편지를 쓰고 있었다. 그때 갑자기 쾅 하는 큰 소리가 나면서 방 끝에서 끝까지 내동댕이 쳐졌다. 나는 유도의 낙법으로 바로 일어나면서 '잠수함에 공격당했구나'라고 생각했다. 그러고는 바로 구명조끼를 들고 갑판으로 나갔다. 승객 중에서는 내가 가장 빨랐다. 그러자 눈 앞에 밤하늘을 배경으로 뱃머리가 솟은 채로 가라앉고 있는 한 척의 배가 보였다. 영국 화물선 코나크리호의 최후였다.

잠수함의 공격을 피하기 위해 코나크리호와 내가 탄 오르도나호는 지그재그로 항해하고 있었는데 오르나도호가 실수로 코나크리호를 들이받아버린 것이었다. 눈 깜짝할 사이에 벌어진 일이었는데 이 사고로 코나크리호의 생존자는 단 한 명밖에 없었다. 그것도 갑판 위에서 일하고 있다가 부딪힐 때의 반동으로 이쪽 배의 갑판 위로 튕겨 날아와 기적적으로 생존한 사람이었다.

다음날 아침 오르나도호의 승객 전원이 식당에 모였을 때 당시 승객 중 한 명이었던 벨기에 황태자의 제안으로 코나크리호의 죽은 사람들을 위한 위로금을 모으게 됐다. 그 모금에 지명된 것이 나였다. 내가 가장 젊었기 때문이다. 돈을 모아 전달하자 황태자가 감사의 말과 함께 서명을 한 감사장을 주었다.

오르나도호는 구조하러 온 구축함의 보호를 받으며 예정보다 늦게 리버풀에 도착하게 됐다.

나는 대망의 영국 땅에 무사히 도착했다는 기쁨과 인생은 생각치도 못한 방향으로 흘러간다는 감상을 느끼며 머지강River

Mersey 하구의 다리를 한걸음 한걸음 밟아 나갔다. 리버풀에서는 내 영어가 꽤 잘 통했고, 말을 잘 알아들을 수 있다는 것이 무엇보다 기뻤다. 미국의 사투리 같은 발음에 고생한 터라 자신감을 조금 회복할 수 있었다.

일본을 나설 때는 에딘버러 대학university of Edinburgh이나 글래스고 대학, 어디든 들어가기만 하면 된다는 정도의 지식 밖에 없어서 우선 에딘버러로 향하는 기차를 탔다. 에딘버러는 시내 바위산 위에 에딘버러성이 솟아 있고, 프린세스 스트리트를 시작으로 시내 거리는 유럽이라는 꿈 속에 있는 것인가 싶을 정도로 아름다웠다. 거리를 조금 벗어나면 양떼가 있고 그 끝에는 북해로 이어지는 포스만Firth of Forth이 넓게 펼쳐져 있었다.

에딘버러 대학은 유럽에서 가장 오래된 학교 중 하나이며, 의학, 문학, 종교학 등이 유명하지만 과학 쪽에서는 위스키 연구에 맞는 적당한 전공이 없어서 글래스고 대학이 더 좋을 것 같았다.

에딘버러가 교토와 같다면 글래스고는 고베 같은 느낌의 도시로 항구 근처에 커다란 조선소들이 모여 있는 공업과 무역의 도시였다. 그 도시 한가운데 작고 높게 솟은 느낌의 대학이 있었다. 나는 영문으로 작성된 오사카공업학교의 졸업장을 제출하며 응용화학과에 입학 신청을 했고 외국인이니 청강생이라는 형태로 입학을 바로 허가받았다.

글래스고대학 강의는 이미 일본에서 공부한 것의 반복이었지만 영어 공부는 잘 되었다. 여기에 와서 눈에 보이는 수확은 두 가지였는데, 그중 하나는 대학 도서관에 위스키 관련 문헌이 많았다는 것이었다. 그래서 도서관에 자주 갔다. 그리고 지금 생각해 보면 내 스스로가 책을 참 많이도 읽었고 공부도 곧잘했다. 다른 하나는 응용화학과의 간판 교수 윌리엄 박사를 알게 된 것이다. 윌리엄 박사와 내 첫 대화는 선생님이 교실에서 학생 명단을 보고 나를 봤을 때였다.

"Mr. Taketsuru, are you Spanish?"

"No I am not, I am Japanese."

선생님은 나를 스페인 사람으로 생각하셨던 것 같은데, 내가 일본인이라고 하자 놀라는 모습이었다. 그날 이후로 이상하게 나한테 관심을 갖고 말을 걸어 주셨고, 나도 먼 일본에서 온 사연을 털어 놓게 되었다. 그러자 선생님은 "그거 참으로 힘든 일이겠군. 상담하면서 도울 테니 공부를 열심히 하게나"라고 격려해 주셨다.

스코틀랜드 위스키 증류소에서의 실습

윌리엄 교수는 나를 스페인 사람이라고 착각했는데, 내 매부 리코 때문이었을까? 그 후에도 자주 스페인 사람이냐는 말을 듣곤 했다. 당시 영국에서 일본은 러일 전쟁에서 승리하고 영일 동맹을 맺으면서 굉장히 좋은 이미지였지만, 일본인을 처음 본 사람들로 가득했다.

특히 윌리엄 교수에게는 여러 면에서 신세를 지고 있었다. 지금도 소중하게 간직하고 있는 J. A. 네틀턴 J. A. Nettleton의 위스키 책은 그 당시 윌리엄 박사의 추천으로 입수해서 몇 번이고 읽었던 책이다. 그 책을 다시 보다 보면 "매일 괴롭다. 그러나 열심히 견디지 않으면 안 된다"와 같이 공부하던 중에 내 자신을 격려하기 위해 휘갈겨 쓴 일본말들을 볼 수 있는 것도 슬픈 추억 중 하나다.

유학 와서 처음 맞는 겨울, 위스키의 성지라고 불리는 로시스Rothes의 위스키 증류소 징세원 집에서 하숙사면서 실습을 다니는 행운을 얻었다.

스코틀랜드는 하이랜드Highland 지방과 로우랜드Lowland 지방, 두 지역으로 구분해서 불리는 경우가 많다. 하이랜드는 스코틀랜드 북쪽을 부르는 총칭이다. 골프로 유명한 세인트 앤드루스St. Andrews의 조금 북쪽의 던디Dundee에서 스털링Stirling, 덤바톤Dumbarton을 잇는 선이 하이랜드 라인이라고 불린다. 그런데 위스키의 경우에는 하이랜드 이남에서 만들어지기도 했는데, 그렇다고 하더라도 하이랜드 몰트의 생산 방식에 따라 만들어지면 하이랜드 몰트위스키로 블렌더들 사이에서 통용되고 있었다.

다만 기후나 풍토 등이 북쪽 산지와는 매우 다르기 때문에 몰트 역시 다른 결과물이 나왔다. 블렌더들은 그것들을 효과적으로 배합해 결국에는 좋은 결과물을 만들어 내는 것이다. 하이랜드가 몰트위스키의 주 산지인 것과 다르게 로우랜드는 효율적인 그레인위스키Grain Whisky의 주산지다.

하이랜드 곳곳에 몰트위스키 증류소가 있다. 그중에서도 스페이강River Spey 유역이나 그 지류에 있는 작고 조용한 거리 로시스, 더프타운Dufftown, 노칸두Knockando 일대에는 증류소가 밀집해 있다. 나는 로시스에 있는 글렌리벳Glenlivet 증류소[5]에서 주로 실습을 했고 글렌그랜트Glen Grant나 글렌스페이Glen Spey, 그 안에 있던 글렌로시스Glen Rothes 증류소 등을 둘러봤다.

몰트위스키는 TV 광고나 잡지 광고에서 볼 수 있어서 아는 사람도 많이 있을 것이다. 구리로 된 증류기 아랫부분이 둥글고 크며 목은 가늘고 그 꼭대기는 곱게 휘어져 있는 단식 증류기, 즉 팟 스틸Pot Still을 사용해서 만든다.

위스키 만드는 방법을 간단히 말하자면 우선 보리에 수분을 공급한다. 그러면 보리는 수분을 흡수하여 토실토실 살이 찌고 싹과 뿌리를 내면서 생생한 기운을 한껏 발산한다. 약 일주일이 지나면 건조탑 안에 들어가 발아를 멈추고 피트Peat(이탄)의 열과 연기를 쐬게 된다. 피트의 연기는 바닥의 미세한 틈을 통해 보리 한 알 한 알에 스며들어 향을 남긴다. 보리는 피트의 향을 빨아들이고 위스키의 독특한 향을 만들게 된다.

피트로 충분히 건조시킨 보리는 가루로 만들어 뜨거운 물을 붓고 잘 저어주면 디아스타제Diastase 작용에 의해 전분이 맥아당으로 변한다. 이것을 여과하고 식혀서 효모를 넣어주면 발효에 의해 달콤한 맥아당은 알코올이 된다. 그리고 앞서 설명한 소박하지만 우아한 형태의 단식 증류기로 반복 증류를 하면 무색 투명한 스피릿이 된다.† 이를 오크통에 담아 저장하면 그 사이에 깊은 맛과 색을 더하게 되고 위스키 스피릿이 된다.

  이 과정이 말은 쉽고 그럴듯하지만 그 하나하나의 공정이 중요한 의미를 갖고 있기 때문에 대단히 힘들다. 그것을 눈으로 직접 보고 피부로 느끼며 실제 내 손으로 위스키를 만든다. 그것이 바로 내가 하는 일이다.

---

† 숙성하지 않은 위스키. 원서에는 원주原酒라고 표기되어 있으나, 블렌디드 위스키에 블렌딩 되는 몰트위스키 또한 원주로 표기하고 있어서 둘의 구분을 위해 여기서는 스피릿으로 번역했다.

노트에 위스키 만들기를 담다

스코틀랜드 로시스 지방 사람들은 대대손손 이어온 전통인 위스키 만들기를 묵묵히 지켜 나가고 있었다. 교회를 중심으로 소박하게 살아가는 친절한 사람들이었다. 북쪽에 위치해 있어 겨울은 해가 매우 짧았고 여름에는 밤이 되어도 밝았다. 저녁에는 호텔 바에 모이기도 하고 밖에서 그린 볼링†을 즐기는 게 이 지방 사람들의 오락거리였다.

    나는 매일 이 마을에서 기차를 타고 글렌리벳 증류소로 출근했다. 글렌리벳 증류소는 스페이강에 합류하는 아본강River

---

† 잔디 위에서 하는 볼링.

Avon 지류 사이의 로시스 마을 입구에 있다. 글렌그랜트 증류소의 몰트위스키와 함께 스코틀랜드에서 품질 1, 2위를 다투고 있었다.

이곳을 더욱 유명하게 만든 것은 창시자 조지 스미스George Smith다. 이 지역은 옛날에는 위스키 밀주의 낙원이라고 불리며 대부분의 집에서 공공연하게 밀주를 만드는 스머글러Smuggler(밀주업자)+의 중심지였다. 스카치 위스키의 경우 이 밀주들이 큰 역할을 했으며, 이 시대는 중요한 의미를 갖고 있다. 위스키 맛의 전통을 유지할 수 있었던 것은 밀주업자들이 있었기 때문이다. 만약 그들이 없었다면 대량생산에 의해 위스키가 만들어져 지금 같이 다양한 위스키는 없었을 것이라고 확신한다.

밀주업자들은 몰래 만든 소량의 위스키 원주를 오크통에 담아 보관했다. 오래될수록 맛있어진다는 것을 알고 있었다. 이 위스키들을 잉글랜드 지방에서 원했기 때문에 산 넘고 강 건너 남부로 보내졌다. 스카치 위스키의 불법 증류는 하이랜드 지방뿐만이 아니었다. 1777년에는 에딘버러에만 400기의 증

+ 원문에는 밀주업자로 해석되어 있으나 원래는 위스키를 하이랜드 이남으로 밀수하는 밀수업자를 가리킨다. 그러나 밀주와 밀수는 동시에 이루어졌기 때문에 밀주업자의 의미로 쓰이기도 한다.

류기가 존재하고 있었다. 그러나 허가를 받은 곳은 고작 4곳뿐이었다.

1824년 조지 스미스가 최초로 면허를 받고 증류소를 열었다. 처음에 스미스는 이웃 밀주업자들로부터 박해받았다. 이웃들은 스미스의 증류소에 불을 지르기 위해 공모하기도 했다. 스미스도 수년간은 총으로 무장한 용병 서너 명을 고용하여 밤마다 증류소를 지키게 하면서 몰트위스키를 만들었다. 이런 밀주업자의 시대는 19세기 중반까지 계속되었다. 스코틀랜드에서 밀주가 완전히 사라지게 된 이유는 코페이 방식의 증류기Coffey Still로 만들어진 그레인위스키를 블렌딩한 블렌디드 위스키Blended Whisky가 영국 위스키 사회의 주류가 되었기 때문이다. 상대적으로 무겁고 강한 몰트위스키는 점점 마시지 않게 되었다.

유명했던 이 글렌리벳 증류소도 내가 있을 때는 초류 증류기와 재류 증류기 1기씩 총 2기 밖에 없었고 직원도 10명에 불과했다. 당시 글렌리벳 증류소의 공장장은 그랜트 씨였다.[6] 그랜트 씨는 "위스키 양조 공부는 골프와 같아서 책을 읽거나 눈으로 보는 것만으로는 불가능하다. 몸으로 기억하는 것이다"라는 생각을 갖고 있었기 때문에 내게도 그런 환경을 만들어 주었다.

위스키 증류소에는 파고다 지붕Pagoda Roof이 있는데, 이 안에서는 피트의 연기로 보리를 건조시킨다. 이때 나무 삽으로 뒤집어가며 건조시키는 것이 요령 중 하나인데, 이 작업은 열과 연기 속에서 진행되는 생지옥과도 같은 작업이었다.

또한 증류를 마친 증류기 속에서 청소를 하는 것도 사람들이

• 증류소 숙성 창고 앞에서 매니저 니콜 씨와 함께(1919년)

기피하는 작업 중 하나였다. 그러나 나는 위스키를 만드는 방법을 몸에 익혀 일본으로 돌아가고 싶었기 때문에 필사적이었다. 그래서 그 어떤 일이라도 자진해서 맡아 했고 모든 일이 새로웠다. 증류기 내부를 청소했던 경험은 일본 야마자키 증류소에서 단식 증류기를 만들 때(오사카의 와타나베동제련소渡辺銅工所) 큰 도움이 되었다.

이 밖에도 그랜트 씨의 체험 위주 교육 방침 덕분에 지금까지의 학문 세계와는 전혀 다른 경험과 감을 키우는 훈련을 계속할 수 있었다. 예를 들면 증류기를 때려서 그 소리로 증류의 상태나 진행 상황을 알 수 있는 방법 등이었다. 배운 것, 본 것, 느낀 것, 그 어떤 것이라도 그날 바로 노트에 글과 그림으로 기록했다. 이 노트는 내가 귀국한 뒤 본격적으로 위스키를 만들기 시작했을 때, 교토의 야마자키 증류소에서 대활약을 펼쳤다.

글렌리벳 증류소는 피트의 짙은 향을 보리에 강하게 배게 하는 것이 특징 중 하나였다. 그 때문에 이곳의 저숙성 위스키는 스모키한 향이 고약하지만 숙성이 진행되면서 훌륭한 위스키 원주로 변하게 된다. 그것이 글렌리벳의 고숙성 위스키 원주가 특별히 비싸게 팔리는 이유였다.

얼마 전, 스코틀랜드의 지인이 그리울 거라며 글렌리벳의 몰트위스키를 보내주었다. 지금도 참 좋은 향을 내며 전통적인 맛이 잘 배어 있는 느낌이었다. 사실이 이런 향은 좀처럼 내기 어렵다. 나는 이보다 더 뛰어난 향을 일본에서도 기필코 만들어내야 한다고 생각한다.

오로라가 빛나는 밤 북해에서 흘린 눈물

외국에서 혼자 생활한 경험이 있는 사람이라면 누구나 한 번쯤 겪는 것이 바로 향수병이다. 내 향수병은 7, 8개월 만에 찾아왔다. 당시 스코틀랜드에서 일본인은 전혀 만날 수 없었고 식생활도 일본과는 꽤나 달라서, 그나마 고향의 향기를 느낄 수 있는 음식은 찐 감자 정도뿐이었다.

신문에서도 일본에 대한 기사는 전혀 없다시피 했다. 사이온지 킨모치西園寺公望 공작이 제1차 세계대전이 끝나고 파리강화조약의 일본 대표로 유럽에 오고 있다는 것이 신문에서 알 수 있는 전부였다. 이곳은 일본과 멀리 격리된 세계였다.

밤에 꾸벅꾸벅 졸고 있는 사이에 눈물이 흘렀다. 아침이 찾아오면 베개는 흠뻑 젖어 있었다. 그리고 일본으로 돌아가는 꿈을 자주 꾸었다. 런던에서 요코하마까지 오십여 일이 걸려서 겨우 도착하면 어머니가 달려 나와 "영국에서의 공부는 끝났니?"라고 묻는다. 내가 대답을 하지 못하고 있으면 "어쩜 그럴 수 있니, 당장 돌아가거라"라며 꾸중을 하신다. 그러나 돌아가려고 해도 배가 없다. 어쩌지도 못하고 곤란해하며 눈을 뜨게 되는 그런 꿈의 반복이었다.

로시스에서 스페이강 건너편으로 가면 발렌타인Ballantine 위스키의 증류소가 있는 엘긴Elgin이라는 마을이 있다. 엘긴을 지나면 로시마우스Lossiemouth라는 조용한 해변이 나타난다. 나는 가끔씩 사람 한 명 없는 이 해변에 서서, 저 멀리 바다 저편을 하염없이 바라보았다. 이렇게 고생하며 공부한들, 결국 일본에서 위스키를 만들 수 없는 것이 아닐까 하는 초조함과 불안감이 밀려왔다. 그래서 될 수 있는 한 빨리 위스키를 만드는 기술을 익혀야 한다는 책임감과 향수병에 소리 내어 엉엉 울었다. 북해의 밤하늘에는 오로라가 아름답게 빛나고 있었다.

위스키를 배우는 것은 주변 사람들의 도움으로 순조롭게 진행되고 있었다. 위스키에 대해 알면 알수록 풍토와 기후, 물

등의 환경이 절대적이라는 이곳의 사상을 점점 더 받아들이게 되었다. 아니, 환경 그 자체가 바로 위스키였다.

위스키가 자연의 조건 아래에서 시간에 따라 천천히 숙성이 되어가는 과정은 신비롭다는 말밖에 달리 설명할 방법이 없다. 같은 날, 같은 방법으로 만든 위스키라도 오크통에 따라 숙성의 정도는 달라지며, 위쪽(천장과 가까운 곳)에서 숙성하는 위스키와 아래쪽(지면과 가까운 곳)에서 숙성하는 위스키 또한 큰 차이를 보인다. 위스키는 이 정도로 섬세하게 자연의 영향을 받는 살아 있는 생명체와 같다.

이 지방 일대가 위스키의 성지로 불리는 곳이지만, 작은 시골 마을에 불과했고 나 외에 외국인은 아무도 없었다. 나는 일본인이라는 희소성 때문에 바로 유명인이 되었고, 모두들 친절하게 대해 주었다. 그것은 매우 힘든 생활을 하던 내게 유일한 위안거리였다.

내가 머물렀던 로시스 마을 사람들은 음식이나 옷은 소박했으나, 정情만큼은 매우 뜨거웠다. 노칸두나 더프타운의 증류소에서 일하고 있는 사람들도 로시스에 살고 있었는데, 그쪽 증류소에도 꼭 한 번 견학하러 오라며 권유했다. 견학을 가면 두 팔 벌려 환영해 주었다. 그리고 자기들 증류소의 역사와 위스키의 장점을 자랑스럽게 이야기하며, 숨겨뒀던 10년, 12년 숙성의 귀한 위스키 원주를 맛볼 수 있게 해 주었다.

로시스 마을 초입에 위치해 글렌리벳 증류소와 함께 가장 유명했던 글렌그랜트 증류소나, 마을 안 작은 언덕과 언덕 사이에 나란히 위치해 있던 글렌스페이 증류소나 글렌로시스 증류소에는 자주 얼굴을 비추어 직원과 같은 취급을 받을 정도로 사이가 좋았다. 위스키 증류는 10월부터 4월까지가 시즌이었고 기온이 올라가는 여름에는 쉬었다. 반대로 프랑스나 이탈리아의 와인은 여름이 양조가 시작되는 시기였다.

로시스에는 1918년 11월부터 1919년 5월까지 있었는데, 위스키 증류가 쉬는 동안에는 글래스고 대학으로 돌아갔다. 그리고 8월에는 프랑스 보르도Bordeaux에 가서 와인 공부를 하는 등 철새 같이 떠돌아다니며 공부했다.

최근 니카가 기술 제휴를 맺은 리큐르계에서 매우 유명한 큐제니아사Cusenier S. A.의 공장을 둘러본 것도 바로 이때였다. 지금 생각해 보면 유학 생활을 정말 잘 해낸 것 같은데, 아마 젊었기 때문일 것이다. 젊었기 때문에 뭐든지 흡수할 수 있었고, 오로지 하나에만 집중할 수 있었다고 생각한다.

타향에서 싹튼 사랑

1919년 6월도 끝나가고 있던 어느 날, 내게는 평생 잊을 수 없는 커다란 운명의 변화가 기다리고 있었다. 그것은 바로 '제시 로베르타 리타 코완Jessie Roberta Rita Cowan'과의 만남이었다. 나는 당시 글렌리벳 증류소에서 위스키 만들기 실습을 마치고, 글래스고 대학에 다니고 있었다. 이따금 인사를 하고 지내던 엘라라는 느낌이 좋았던 여학생이 있었는데, 어느 날 엘라가 '하이 티High Tea'에 나를 초대했다. 엘라의 아버지는 글래스고 대학 출신의 의사였는데 일본에 관심이 많았다. 그래서 엘라를 통해 내 이야기를 듣고 초대하게 된 것이다.[7]

• 타케츠루 마사타카의 아내가 된 리타

　영국, 특히 스코틀랜드에서는 오후 3시 즈음에 많은 집에서 홍차와 케이크를 먹는 습관이 있었다. 지금까지도 그 관습이 이어지고 있는데 이를 '하이 티'라고 부른다. 초대받은 엘라의 집은 글래스고의 근교인 커킨틸록Kirkintilloch 마을에 있었다. 현재는 시청으로 사용되고 있을 정도로 매우 큰 집이었다. 엘라의 가족은 부모님 외에 언니 리타, 동생 루시, 남동생 캠벨[8] 여섯 명으로, 나는 이 사람들에 둘러 쌓여 일본에 대한 이야기나 멀리 스코틀랜드에 공부하러 온 목적 등을 이야기했다.

그때 아버지의 옆에 앉아 크고 아름다운 눈으로 나를 바라보고 있던 여성이 있었다. 그게 바로 리타였다. 내가 향수병으로 힘들어 하고 있다는 이야기를 했을 때, 그녀는 내게 들리지 않을 정도로 작은 목소리로 중얼거렸다. 이것이 우리의 첫 만남이었다. 나는 리타가 처음부터 인상적이었다. 그러나 리타는 처음에는 혼자서 공부하고 있는 나에게 동정의 감정을 느꼈고, 그 동정이 점점 사랑으로 발전하게 된 경우였다.

리타와 두 번째로 만난 것은 내가 학교 도서관에서 책을 읽고 있을 때였다. 동생 엘라가 언니가 왔다며 나를 불러냈다. 우리 셋은 학교 안 공원에서 두 시간 정도 이야기를 나누었다. 그 후로는 나를 자주 초대하여 자연스럽게 방문하게 되었다.

그해 여름 나는 유럽 대륙으로 건너가 프랑스 보르도에서 와인 공부를 했다. 리타의 선물로 프랑스 향수를 사서 글래스고로 돌아 왔을 때, 리타는 무척 기뻐하며 위스키를 찬양한 시를 쓴 로버트 번즈Robert Burns의 시집을 선물로 주었다.

1919년 크리스마스에도 코완가의 초대를 받았다. 나는 로시스에서 실습 중이었는데, 용기 내서 크리스마스 휴가를 받고 글래스고로 돌아왔다.

영국에서는 크리스마스를 위해 몇 개월에 걸쳐 푸딩을 만든다. 이 안에 새 6펜스 은화와 바느질에 사용하는 골무를 넣어 점을 보는 관습이 있었다. 각자가 케이크를 잘라 먹는데, 그 속에 은화가 들어있으면 부자가 되고 골무가 들어있으면 결혼을 하게 되며, 만약 남자한테 은화가 나오고 여자한테 골무가 나오면 두 사람은 장래에 결혼하게 된다는 그런 시덥지 않은 점이었다. 그런데 그해의 크리스마스에는 우연히도 리타의 케이크에는 골무가, 내 케이크에는 은화가 들어 있었던 것이다. 가족들 모두 놀려 댔지만, 우리 둘의 마음은 점점 가까워지고 있었다. 다만 아직은 서로 말로 표현하기에는 이른 시기였다.

크리스마스가 끝나고 나는 다시 로시스로 돌아가 위스키와의 생활을 이어 나갔다. 오크통 속에서는 위스키가 1년 만에 많은 변화를 보이고 있었다. 일년 전에 내가 증류했던 스피릿이 오크통 속에서 엷은 색을 얻어 가며 점점 위스키스럽게 변하고 있었다. 오래 숙성된 위스키들도 1년이 지나자 한층 더 깊은 맛을 내게 되었다. 시간에 따른 숙성의 불가사의한 관계를 처음 접하고 나 혼자서 매우 흥분했던 기억이 있다. 이쯤 되자 힘들었던 마음도 이상하게 점차 가라앉고 있었다.

1920년 5월, 로시스의 하숙집에서 하늘을 날아갈 것 같이 기쁜 한 통의 편지를 받았다. 리타와 여동생 루시가 하이랜드 여행 도중에 이곳을 방문한다는 소식이었다. 그 편지를 히스heath 꽃이 가득한 언덕에서 읽었다. 히스 꽃은 소설 『폭풍의 언덕 Wuthering Heights』에서 자주 나왔기 때문에 일본에서도 이름이 잘 알려져 있다. 봄부터 여름까지 스코틀랜드의 황무지에는 이 보라 빛의 작은 꽃들로 가득했다. 일본이라면 연꽃 풀이 들판에 가득한 것과 비슷할 듯하다.

히스는 식물의 이름이자 황폐해진 벌판이라는 의미도 갖고 있다. 스코틀랜드의 히스에 있는 히스는 엄밀히 말하면 히스가 아닌 헤더heather다. 이 헤더가 오랜 시간 쌓이고 쌓여 만들어지는 것이 바로 위스키 제조에 필수인 피트다.

위스키와 밀접한 관계만 있는 것이 아니라 스코틀랜드의 삶과도 떼려야 뗄 수 없는 꽃이기도 하다. 스코틀랜드의 경치를 아름답게 수놓으며 일본의 사리풀과 마찬가지로 빗자루로 쓸 수도 있고 침대 쿠션에도 사용된다. 땔감으로는 옛날부터 사용되어 왔고, 나무로부터 나오는 진액은 가죽을 부드럽게 하는 데 사용한다. 또한 타탄 체크 무늬의 염료로 사용되어 왔다.

위스키 쪽의 일은 시즌이 끝날 무렵이라서 나도 그녀의 여행에 합류하여 글래스고에는 함께 돌아가는 것으로 정하고, 그녀가 오는 것을 두근거리는 마음으로 기다리고 있었다.

호숫가에서 맹세한 사랑

스코틀랜드의 6월도 막바지에 이르니 곳곳에서 백파이프 소리가 들려온다. 타탄 체크 무늬의 킬트를 입고 백파이프를 불며 행진하는 무리가 곳곳에 보인다. 여름에 있는 대회를 준비하는 사람들이다. 이는 일본의 봉오도리와 같이 스코틀랜드 전역에서 행해지기 때문이다.

나는 이 백파이프 소리와 리타, 루시 두 여성에 둘러싸여 즐거운 여행을 계속했다. 인버네스Inverness를 지나 괴물로 유명한 네스호Loch Ness의 아우구스투스 성채, 아서성 등을 방문하며 남쪽으로 내려갔다. 우리 두 사람이 서로의 마음을 확인했던 것

• 리타와 함께 로몬드 호숫가에서(1925년)

은 이 하이랜드 여행이 끝나갈 때 즈음, 로몬드 호수Loch Lomond에 도착했을 때였다. 나는 프로포즈를 했고, 리타는 받아주었다.

1920년 여름, 나는 다시 와인 공부를 하기 위해 프랑스로 건너 갔다. 그사이에 리타의 아버지가 돌아가셨다. 리타의 아버지는 "의술은 인술이다"라는 믿음을 갖고 있던 의사였다. 그래서 아무리 늦은 밤이라도 환자를 돌보기 위해 직접 운전해서 찾아갔다. 그래서 마을 사람들로부터 존경을 받았지만, 과로가 겹쳐 갑자기 쓰러졌고, 그 자리에서 바로 숨을 거두셨다. 리타와의 결혼을 일본에 우호적이었던 아버지가 반대할 리는 없다고 생각하고 있었지만, 결혼을 허락받기 전에 돌아가셨다. 리타와 나는 슬픔에 낙담하고 있었다.

한 달 남짓 프랑스 생활을 마치고 글래스고로 돌아오니 윌리엄 박사가 나를 불렀다. 윌리엄 박사는 "캠벨타운Campbeltown의 증류소에 친한 친구인 이네 박사가 일하고 있다. 그래서 네 이야기를 했더니 증류소에서 일할 수 있게 해 준다고 한다. 이네 박사는 사케를 만드는 코지麴†에도 큰 흥미를 갖고 있는 것 같더라"라고 말했다. 이네 박사는 위스키계의 권위자 중 한 명이었었고, 블렌더로서도 이름이 알려져 있던 사람이다. 나는 고민할 것도 없이 윌리엄 박사의 제안에 응하여 이네 박사가 있는 곳으로 갔다.

이네 박사가 있는 캠벨타운은 글래스고의 서남쪽, 킨타이어Kintyre반도 끝에 있는 인구 7,000명 정도의 마을로, 위스키 제조

---

† 코지는 쌀 등의 곡물에 종국(곰팡이)을 배양한 것으로 청주 등을 만들 때 당화 작용을 한다.

와 어업이 성행하고 있던 곳이다. 이 작은 마을에 열대여섯 개의 증류소가 빽빽하게 들어차 있었다.

캠벨타운으로 가기 위해서 나는 글래스고 항구에서 유람선 같은 배를 타고 클라이드만Firth of Clyde을 건넜다. 아란Arran섬이나 킨타이어반도의 풍경은 내 고향의 바다 세토나이카이†와 같이 아름다웠고, 고향 생각에 잠겨 어찌할 바를 몰랐다.

나는 일본으로부터 종국種麴을 주문하여 코지 만드는 것을 보여 주었다. 이네 박사는 맥아를 사용하지 않고 코지를 통해 당화 작용을 일으켜 술을 만드는 방법에 화학자로서 굉장한 흥미를 갖게 되었다며 매우 기뻐했다. 게다가 이네 박사는 학문적으로 말동무가 생겼다고 말하면서, 어떤 일이든 "타케츠루, 어떻게 생각해?"라고 내 의견을 물었다.

위스키 블렌딩은 스코틀랜드 하이랜드 지방에서 숙성시킨 몰트위스키에 그레인위스키를 블렌더의 지시에 따라 섞는 작업이다. 그것을 다시 오크통에 넣고 6개월에서 1년 정도 추가 숙성을 한다. 거기에 기후가 다른 로우랜드의 몰트위스키를 블렌딩하면 한층 더 좋은 품질의 위스키가 탄생한다.

---

† 혼슈, 큐슈, 시코쿠로 둘러 쌓인 바다.

블렌더가 되기 위한 특훈

이네 박사 밑에서는 로시스에서 받았던 기술적인 훈련과는 다르게 학문적인 연구와 블렌딩 훈련을 집중적으로 받았다. 내 그동안의 경험과 공부를 학문적으로 체계적으로 정리할 수 있었던 것도 이네 박사 밑에서 약 6개월 동안 배운 덕분이었다. 위스키를 만들 수 있을 것 같은 자신감이 생긴 것도 이때 즈음이었다.

이네 박사는 블렌딩에 사용하기에는 너무 무거운 느낌의 캠벨타운 몰트위스키를 개선하기 위해 헌신하였음에도 불구하고 캠벨타운의 증류소는 점차 쇠퇴했다. 전쟁이 끝난 후, 다시 캠벨타운을 방문했을 때, 옛날의 모습은 거의 남아있지 않았다. 증류소는 단 두 곳만 남아 있는 상태였다. 이네 박사의 힘으로도 도저히 어찌할 수 없었던 자연의 힘과 위스키의 안타까운 결말에 대해 깊이 생각해 보게 되었다.

이네 박사 밑에서 위스키 블렌딩 등의 훈련을 약 반년 동안 받았다. 이제 마지막 남은 위스키 공부는 그레인위스키에 관

• 캠벨타운 증류소에서 이네 박사와(1920년경)

한 것이었다. 지금과 같은 위스키가 탄생하여 많은 사람들이 위스키를 마실 수 있게 되는 데 큰 역할을 한 것이 바로 이 그레인위스키다.

위스키는 먼 옛날부터 존재하던 술이 아니다. 지금의 위스키처럼 호박색을 띠며 피트의 달콤한 향이 나는 술이 된 것은 300년에서 400년 정도밖에 되지 않았다. 술의 세계 안에서는 비교적 새로운 것이다. 게다가 산업혁명이 진행되던 1830년 즈음에는 스코틀랜드 일부 지역을 제외하고는 영국 어디에서도 위스키를 거의 마시지 않고 있었다.

이 당시의 위스키라고 하면 몰트위스키라고 불리는, 하이랜드 지방에서 투구 형태의 단식 증류기를 사용하여 만든 스피릿을 오크통에 넣어 숙성한 것이었다. 맛이나 향 모두 좋았지만 무겁고 마시기 힘든 부분도 있어서 대중적인 술은 아니었다.

영국의 산업혁명은 글래스고 대학에서 뉴커먼 증기기관 newcomen engine[†]을 수리하는 일을 하고 있던 제임스 와트James Watt라는 사람이 실린더와 냉각장치를 분리해 증기기관을 개선하면서부터 큰 발전이 이루어졌다. 위스키 증류에도 증기를

---
† 1712년 영국의 토머스 뉴커먼Thomas Newcomen이 만든 최초의 증기 기관.

이용하게 되었다. 불을 사용하는 매우 비효율적인 단식 증류기를 대신하는 방법이 개발되는 것은 당연한 일이었다.

1826년, 이니어스 맥도널드Aeneas MacDonald가 마침내 연속식 증류기를 발명했다. 1830년에 맨체스터와 리버풀 사이에 철도가 개통되며 산업혁명은 정점으로 향해가고 있었다. 이때 더블린 도크 증류소Dock Distillery의 이니어스 코페이Aeneas Coffey가 고성능의 코페이식 연속 증류기를 개발하면서 위스키의 운명을 완전히 바꿔 놓았다. 맛은 차치하더라도 두 번 증류하여 소량밖에 생산할 수 없었던 몰트위스키에 비해, 한 번에 많은 양을 생산할 수 있는 그레인위스키는 매력적이었다. 그래서 1830년부터 1860년까지 로우랜드에는 그레인위스키 증류소가 난립했으며, 갑자기 생산 과잉 현상을 초래했다.

1860년경, 앤드루 어셔Andrew Usher & Co가 이 그레인위스키와 하이랜드 몰트위스키의 블렌딩을 시도했다. 지금까지는 없었던 마시기 쉬운 위스키, 즉 블렌디드 위스키가 처음으로 세상에 나온 것이다. 그레인위스키가 몰트위스키의 장점을 극대화시켜주고, 몰트위스키의 단점인 무겁고 거친 느낌을 부드럽게 해 주는 역할을 했다. 이것이 블렌디드 위스키라고 불리는 지금의 스카치 위스키를 만드는 방법이 되었다. 이 블렌딩으로 위스키는 마시기 쉬워졌으며, 영국 사람들은 물론이고 전 세계 사람들에게 사랑받게 되었다. 그러니 지금 우리가 마시고 있는 블렌디드 위스키의 역사는 아직 100년밖에 되지 않은 것이다.

그레인위스키 실습을 위해 나는 글래스고 근처에 있는 조니워커Johnnie Walker 계열의 증류소에 다녔다. 그곳은 하이랜드의 몰트위스키 증류소와는 달리 규모가 큰 만큼 내가 이것저것 부담없이 해 볼 수 있는 환경이 아니었다.

유명한 위스키 연합회사 DCLDistillers Company Limited[+]이 점차 대두되고, 전국 각지의 위스키 생산 기술자들을 빼가려고 안간힘을 쓰고 있을 때였다. 그래서 외부인에 대한 경계심이 강했다. 특히 코페이식 연속 증류기를 다루는 기술은 밸브를 조절하는 것이 요령이었는데, 특정인 외에는 접근조차 허락되지 않아서 좀처럼 만져볼 수가 없었다.

실습 3주째 되던 어느 날, 증류 주임이었던 할아버지가 나를 딱하게 여겼는지 "너 조작해 보고 싶은 것이로구나. 모레부터 내가 야근하니까 밤에 나와라. 알려줄테니"라고 약속했다. 약속대로 그날 밤에 가 보니, 3층으로 날 데려가 손으로 직접 밸

[+] 여러 인수합병을 거쳐 현재는 디아지오DIAGEO로 남아 있다.

브를 조작하는 요령을 가르쳐 주었다. 그 외에도 원료에 관한 것이라든가 조작할 때 주의해야할 부분 등 여러 가지를 알려 주었다. 이분한테 배운 것이 매우 많았다. 그레인위스키에 관해서는 문자 그대로 야학을 한 셈이었다.

  전쟁이 끝나고 니시미야西宮에 니카 그레인위스키 증류소를 설립하고 처음으로 밸브를 연 사람이 나였다. 그때 당시의 일이 생각나서 감개무량했다.

국제결혼 소식에 혼란에 빠진 집안

리타와의 국제 결혼에 힘이 되어 주실 줄 알았던 리타의 아버지가 갑자기 돌아가시자, 이제는 결혼이 너무 멀게만 느껴졌다. 그러나 리타의 결심은 확고했다. 어머니나 가족들은 그녀를 설득하려 했다. 그중 어머니의 반대가 특히나 완강했다. 리타는 장녀였고 아버지가 돌아가신지 얼마되지도 않은 상황이었다. 게다가 상상할 수도 없이 먼 나라 일본으로 사랑하는 딸을 떠나보내는 것은 자신의 신체 일부가 잘려 나가는 것 같은 느낌이었을 것이다.

어쨌든 극도로 반대하셨다. 내가 생각해봐도 어쩔 수 없는 심정이었을 것 같다. 하지만 우리 편도 있었다. 리타를 적극적으로 지지해 준 사람은 글래스고 대학의 동문이었던 여동생 엘라였다.

나도 아베 사장님과 히로시마의 부모님 앞으로 유학의 목적을 대부분 달성했기 때문에 귀국하겠다는 것과 영국인 리타와 결혼하고 싶으니 허락해 달라는 내용의 편지를 써 보냈다. 당시 영국에서 보낸 편지가 일본에 도착하려면 두 달 가까이 걸렸다.

영국인과 결혼하고 싶다는 이야기는 아베 사장님께도 고향의 부모님께도 청천벽력과도 같은 소식이었다. 사장님도 놀랐지만 히로시마의 부모님은 천지가 뒤집힐 정도의 엄청난 충격이었다고 한다. 당장 형제들에게 이 사실을 알리는 한편, 친척들 모두 불러모으고 회의를 열어 어떻게 하면 좋을지 이야기를 나누는 등 옛날로 말할 것 같으면 거의 집안에서 쫓겨날 상황이었다. 어떻게든 내가 생각을 바꿔야 한다는 어머니의 장황한 내용의 편지가 도착했다.

"푸른 눈의 영국인과 결혼하겠다는 생각은 무슨 일이 있어도 안 된다." "너를 위해서 가업인 양조장을 친척한테 넘기기까지 하면서 영국으로 보내줬으니, 이번에는 우리들의 바람을 들어 주거라." "여자는 이 곳에도 많이 있으니, 네가 마음에 들어 할만한 맞선 상대의 사진을 보내주겠다."

외국인은 한 번도 본적이 없는 시골의 부모님이었다. 상상 이상의 반대 의사가 문맥에 흘러 넘쳤다. 한편 리타 쪽에서는 그녀의 굳은 의지와 동생 엘라와 루시의 도움으로 어머니의 마음이 점차 누그러지고 있었다.

"리타는 정말 훌륭한 여성입니다. 영국인이라는 것 때문에 여러모로 걱정을 하고 계신 것 같은데 기우에 불과합니다. 제발 허락해 주세요"라는 뜻을 담은 편지를 보냈다.

부모님은 매일 한숨 쉬며 지내고 있었다. 이에 걱정이 되었던 아베 사장님이 다시 한 번 오사카에서 히로시마의 타케하라 마을로 찾아갔다.

"타케츠루 군이 이렇게 된 것은 어쩔 수 없는 일이라고 생각합니다만, 제 책임도 일부 있습니다." "제가 지금 영국으로 가서 상황을 보고 오겠습니다." "그리고 타케츠루 군을 데리고 돌아오겠습니다."

아베 사장님의 영국행을 전제로 한 대화가 그날 저녁 늦게까지 이어졌던 것 같다.

결국 어머니가 "아베 사장님이 리타를 보고, 이 여자라면 결혼해도 되겠다고 생각한다면, 우리들도 기꺼이 맞이하겠습니다"라고 결단을 내렸다. 아베 사장님은 내가 영국을 갈 때도, 돌아올 때도 히로시마의 부모님을 찾아갔다. 그리고 이번에도 어머니가 제일 먼저 이해를 해 주셔서 아버지나 다른 가족들도 설득할 수 있게 되었다. 어머니는 봉건적인 시대의 시골 생활밖에 몰랐지만, 당시로서는 진보적인 사고방식이 가능한 판단력 있는 여성이었다.

국제결혼은 지금도 주위의 걱정과 반대에 부딪힐 것이다. 그러나 이것은 인공위성이 날아다니는 지금의 시대와는 다르게 상대 국가의 정보나 생활방식 등을 완전히 알 수 없는 때의 이야기다. 그뿐만 아니라 당시 일본과 유럽은 생활 방식, 풍습, 관습 등이 너무나 다른 시대였다.

결혼, 그리고 위스키 업계의 대격변

셋츠주조의 아베 사장님이 멀리 일본에서 배를 타고 템즈강의 항구에 도착했다. 두 달만이었다. 리타와 나, 우리 둘은 오직 나를 위해 오랜 시간 배를 타고 온 사장님을 만나기 위해 런던의 항구까지 마중 나가 근처의 포틀랜드 호텔로 안내했다. 아베 사장님은 리타에게 조심스럽게 질문하거나 일본의 사정을 이야기했고, 나는 그 내용을 통역했다.

우리는 아베 사장님과 함께 스코틀랜드의 리타 집으로 갔다. 아베 사장님은 리타의 집에 머무르면서 가족 전원을 만나며 대접받았다. 다행히도 아베 사장님은 리타가 마음에 든 것 같았다.

"상냥한 사람이구나. 게다가 꽤나 미인이고. 일본에 데리고 돌아가도록." 동의의 말로 들렸다. 내가 이 말을 통역해서 리타에게 전하자 그녀는 날아오를 듯 기뻐했다.

나와 리타의 결혼식은 글래스고의 스테이션 호텔에서 목사님을 불러서 진행했다. 아베 사장님은 물론 윌리엄 박사님도 참석하여 많은 사람의 축하를 받았다. 결혼식이 끝나고 아내 리타는 본가로 돌아갔고, 나는 아베 사장님을 데리고 와인의 본고장 프랑스 보르도를 시작으로 이탈리아, 스위스, 독일을 둘러보았다.

제1차 세계대전이 끝난 후라 프랑스, 이탈리아, 독일 등 유럽 각국은 승자 패자 할 것 없이 모두 지친 기색이 역력했다. 프랑스는 4년에 걸친 전쟁에서 승리했지만 노벨 평화상을 수상한 노먼 엔젤Norman Angell이 말한 것처럼 그 승리마저도 '거대한 환영'에 지나지 않은 것 같았다. 노동력도 줄었고 생산시설도 파괴되었다. 프랑스 북쪽은 정확히 전쟁 직후의 도쿄의 허허벌판과 같은 상태로 방치되어 있었다.

세계대전 이후의 프랑스 상황에 대해 도시샤 대학同志社大学의 하라다 타스쿠原田助 박사는 유집에 다음과 같은 글을 남겼다.

9월 9일 전장 시찰

토머스 쿡Thomas Cook Group plc. 회사의 전쟁 시찰단에 참가하여 아라스Arras 지방으로 전쟁 시찰에 나섰다. 출발 후 약 두 시간이 지나자 주위의 광경이 급변했다. 집들은 벽이 다 허물어져 있었고 나무는 모두 시든 참담한 광경이었다. 그 광경은 갈수록 점점 심해졌다. 가장 심했던 곳은 랭스Lens시로 집의 형태로 존재해는 것이 단 하나도 남아있지 않았다. 대지진 후에 화재가 나고 홍수가 겹쳐도 이 정도로 황폐해지지는 않았을 것이다. 독일군이 퇴각할 때 철저하게 파괴하고 간 것이 틀림없다.

가는 곳마다 독일인 포로들이 어디든 가리지 않고 전후 복구에 동원되고 있었는데 시체를 흰 천으로 싸서 관에 넣어 묻고 있었다. 견학 중에도 불발탄이 폭발하는 폭음과 함께 검은 연기가 온 하늘을 덮어 실로 지독한 광경이었다.

오늘 견학 중에 특별히 인상적이었던 것은 지역 주민들과 외부 사람들이 함께 엄숙한 태도로 상황을 받아들이고 있었고, 어느 누구도 작은 웃음 소리 하나 내지 않았다는 것이다. 무엇보다도 불쌍한 것은 여기저기 배회하고 있는 어린 소년소녀들과 검은 상복을 입고 있는 남편을 잃은 여인들의 모습이었다.

현재는 외교관으로 활약하고 있는 하라다 박사의 아들 하라다 켄原田健 씨가 보내준 하라다 박사의 유집에서 발췌한 문장이다. 하라다 박사는 1919년 9월 9일에 전쟁 시찰에 나섰다. 이 일주일 전인 9월 2일, 나는 우연한 기회로 하라다 박사를 만날 수 있었다. 파리에서 나와 같은 호텔에 머무르며 파리 견학이나 전쟁 시찰 등을 수행했다. 그 덕에 하라다 박사의 뛰어난 인품을 느낄 수 있었다. 하라다 박사는 그때의 일을 유집에서 다음과 같이 적었다.

'타케츠루 마사타카 씨'

런던에서 파리로 향하다. 차 안에서 양조 기사 타케츠루 마사타카 씨와 만났고 일이 끝난 후 거의 열흘을 같이 지냈다. 파리 구경을 함께하는 등 기이한 인연이었다. 그는 히로시마현 타케하라 출신으로 오사카공업고등학교를 졸업하고 양조 회사에서 기사로 일했다. 그리고 스코틀랜드에 파견되어 지금까지 글래스고에 있었는데 지금은 남프랑스의 와이너리를 시찰하러 왔다. 그리고 미국에서 느낀 바가 있어 기독교를 믿을 결심을 하는 등 진실되고 유망한 청년이다.

프랑스를 떠나 독일로 향했다. 독일에서는 인플레이션이 극으로 치닫고 있었다. 독일에 도착해서 호텔에서 일본으로 엽서를 보내려고 하자 우표 값이 무려 100만 마르크나 해서 눈이 동그래졌다. 이탈리아도 대동소이했다. 경제 공황이 사회적 위기를 초래하여 점점 상황이 복잡해지고 있었다.

농촌의 피폐화를 견디지 못한 농민들이 도시로 몰려들었고, 그들이 생활이 어려운 노동자들과 함께 공장을 잇달아 점령하던 시기였다. 이와 같이 이기고 지는 것에 관계없이 전쟁을 겪은 나라가 겪는 비극을 눈 앞에서 직접 목격하게 되었다. 전쟁에서 승리한 나라는 번영을 누리고 패배한 나라는 비극을 겪을 것이라고 단순하게 생각했던 나는 전쟁의 허무함을 깨닫게 되었다.

유럽 여행을 마치고 영국으로 돌아온 아베 사장님과 나는 기다리고 있던 리타와 함께 세 명이서 뉴욕으로 향하는 배를 타고 대서양을 건넜다.

4년 전에 미국에서 영국을 향해 대서양을 건넜을 때는 전쟁터로 향하는 병사와 같이 잠수함의 공격에 대비한 훈련을 하며 언어나 매너 등을 공부하기 위해 애썼었다. 코나크리호가 눈 앞에서 침몰하는 광경도 보고 불안과 긴장 속에서 항해를 했는데 지금은 아내 리타를 만나 신혼 여행을 겸해 귀국 여행을 하고 있다.

생각해 보면 혼자서 헤쳐나간 영국 유학이었지만, 윌리엄 박사, 이네 박사, 그랜트 공장장 등 은인이 차례차례 등장하여 문을 열어 주었다. 나는 단지 앞으로 나아가기만 하면 됐다. 젊음에 의지하여 밤낮 할 것 없이 흡수하며 정말로 얻은 것이 많은 나날들이었다.

일본으로 돌아가면 본격적으로 위스키 만들기에 몰두할 수 있을 것이라는 기쁜 마음에 자신감이 솟아오르는 심정으로 대서양을 건너고 있었다. 그러나 사실 그 무렵 일본에는 불황의 폭풍우가 호황을 자랑했던 양조업계를 뒤흔들었고, 셋츠주조도 큰 변화를 겪고 있었다.

변화는 일본뿐만이 아니었다. 영국 위스키계에도 큰 변화의 징조를 보이고 있었다. 위스키 연합 회사 DCL이 무서운 기세로 떠오르고 있었다. 작은 몰트위스키 증류소들은 전쟁을 하는 동안 공업용 알코올을 만들지 않았기 때문에 증류소를 폐쇄할 정도로 큰 경제적 손실을 입고 있었다. 그래서 DCL의 유혹에 차례로 굴복했다. 한편 DCL의 수장 W. H. 로스W. H. Ross는 제1차 세계대전 중, 정부에 적극적으로 협조했다. 그 후 정부 각 조직 전반을 완전히 잠식하여 독점의 토대를 다지며 세력을 넓혀가고 있었다.

영국에는 다섯 개의 큰 위스키 메이커가 있다. 듀어Dewar(화이트 라벨White Label), 워커Walker(조니 워커), 뷰캐넌Buchanan(블랙 앤화이트Black&White), 맥케이Mackay(화이트호스White Horse), 헤이그Haig(헤이그), 이 다섯 가문이다. 하지만 이들 빅 파이브도 전쟁 중에는 생산 제한이 있어서 위스키 원주의 재고가 별로 남아 있지 않았다. 그들은 증류소를 증설하거나 자본력이 강한 DCL에 병합되거나 둘 중 하나라는 좁은 선택지에 내몰리고 있었다.

1919년, 우선 헤이그가 DCL에 먼저 병합되었다. 그리고 1927년까지 빅 파이브가 모두 DCL에 병합되고 말았다. 현재는 이 DCL이 스카치 위스키 전체의 60% 이상을 손에 쥐고 있다. 그 외에도 여러 사업에 손을 대며 대기업으로 성장하고 있다.

위스키 제조 계획이 반려되다

배는 뉴욕에 도착했고 우리 세 명의 일행은 육로로 시카고를 거쳐 시애틀로 향했다. 마침 미국에서 그 유명한 금주법이 시행된 지 딱 1년째에 접어든 시기였는데, 이를 둘러싼 분쟁으로 인해 사회가 매우 혼란스러운 상황이었다.

원래 미국 양조업계에는 독일 이민자 출신이 많았다. 이 때문에 1차 세계대전으로 인한 독일에 대한 반감이 양조업계에도 고스란히 나타났다고 한다. 그리고 술의 원료로 곡물을 사용하는 것이 괘씸하다며 농산물 절약 운동에 휩쓸려 의회에서 통과시킨 것이 바로 금주법이다.

그러나 금주법이 시행되자 여러 문제가 나타나고 있었다. 밀주나 밀수가 성행했고, 시카고를 중심으로 갱들이 활개를 치고 다녀 사회 불안과 위생상의 문제를 낳고 있었다. 또 미국 여행 중에 아내 리타와 레스토랑에 갔는데, 영국인의 영어가 통하지 않아 내가 영어를 통역해야만 했던 재미있는 일도 있었다.

시애틀에서 배를 타고 유학의 마지막 항해로 태평양을 건너 1921년 11월에 요코하마 항구에 도착했다. 일본 땅을 밟는 것은 약 4년만의 일이다. 일단 요코하마에서 도쿄로 갔다. 당시 요코하마와 도쿄 사이에는 논밖에 없었다. 아내 리타가 수확 전의 벼를 가리키며 "저건 뭐야?"라고 의문스러운 표정으로 물었다. 내가 설명을 하자 "쌀이 되는 나무구나"라며 신기해했다. 이 장면은 아직도 내 마음속 깊은 곳에 자리잡고 있다.

우리 두 사람이 신혼 생활을 할 집은 오사카의 테츠카야마手塚山에 있었다. 아베 사장님이 배에서 전보로 알아봐 준 덕이다. 집세는 55엔으로 서양식 화장실도 새로 만들어져 있었다. 이 모두가 영국인 리타를 위한 사장님의 배려였다.

내가 귀국했을 때, 셋츠주조에서의 대우는 양조기사장으로 월급은 150엔이었다. 그런데 귀국해서 보니 회사의 분위기가 완전히 달라져 있었다. 내가 영국으로 떠날 무렵의 열정과 활기는 온데간데없었고 양상은 완전히 변해 있었다. 그때가 바로 셋츠주조가 제1차 세계대전 후 일어난 대공황의 충격을 가장 크게 받은 해였기 때문이다.

제1차 세계대전의 군수 경기에 유례없는 호황과 알코올 붐을 누렸던 양조업계였다. 그러나 전쟁이 끝나고 1921년부터 1923년까지는 그 반작용으로 인해 양조업자들이 줄도산하는 양상이었다.

이런 좋지 않은 상황 속에서 나는 귀국 후 바로 위스키 제조 계획에 착수했다. 내 유학의 목적이 그것이었고, 일본으로 돌아가 이를 실현하는 꿈을 계속 꾸고 있었기 때문이다. 한시라도 빨리 만들어 보고 싶다고 생각해서 나는 셋츠주조의 공장 부지 안에 위스키 제조를 전제로 예산, 시설 규모 등을 계산하며 설비의 청사진을 그리고 있었다. 그리고 한편으로는 선배 이와이 전무님를 설득하기 시작했다.

위스키 제조에 어울리는 부지를 찾아 새로운 공장을 짖는 것은 당시 셋츠주조의 힘으로는 도저히 불가능한 일이었다. 그래서 지금 공장의 빈 곳에 팟 스틸을 설치하면 작게나마 위스키 제조를 시작할 수 있을 것 같았다. 그렇게라도 좋으니 어떻게든 할 수 있게 해 달라고 부탁했다.

임원 회의에서 아베 사장님은 "타케츠루 군이 힘들게 배워 왔으니, 어떻게든 해 보고 싶다"라고 지지해 주었다. 하지만 다른 임원들은 생각이 달랐다. "위스키는 숙성에 너무 오랜 시간이 걸린다. 무엇보다도 제대로 만들 수 있을지 없을지도 모르는 일이다. 지금 회사의 재정 상황에서 이런 꿈 같은 일에 투자하는 것은 절대 불가하다"면서 모든 임원들이 반대했다. "사장님은 타케츠루에게 너무 관대해"라는 말이 나올 정도로 좋지 않은 분위기였다.

이렇게 해서 나의 '몰트위스키 제조 계획서'는 지금 셋츠주조에서는 다룰 사업이 아니라고 임원 회의에서 공식적으로 반려되었다.

내 머리 속에는 진짜 위스키를 만들 생각밖에 없었다. 가짜 위스키라면 내가 월급을 많이 받으며 있지 않아도 다른 직원이 충분히 만들 수 있었다. 셋츠주조가 진짜 위스키를 만들지 않는다면 내가 회사에 남아 많은 돈을 받고 있을 의미가 전혀 없었다. 그것을 알고 있었기 때문에 사장님의 배려에 만족하며 회사에 남아 있을 수는 없었다. 충분히 고민한 끝에 아베 사장님을 찾아갔다. 그리고 내 마음속의 이야기를 더듬더듬 고

했다. "잠시 동안 쉬고 싶으니 사표를 내겠습니다." 그것은 귀국 이듬해, 1922년의 일이었다.

아베 사장님은 침울한 표정으로 내 이야기를 듣고 계셨다.

"아쉽게 됐구만."

작은 소리 하나를 내뱉을 뿐이었다.

진짜 위스키를 만들기 시작하다

마음 내키는 대로 사표를 내고 말았는데 내일부터 어떻게 할지에 대한 계획은 전혀 없었다. 지금 생각해 보면 무모한 이야기지만, 하나 안심되었던 것은 일본에 온지 얼마되지 않은, 아무것도 모르는 아내 리타가 이 사실을 듣고도 전혀 슬퍼하지 않고 여전히 밝았다는 것이다. 이제 아베 사장님과는 떨어지게 되었지만 그는 내 가장 큰 은인이다. 그 상냥하면서도 독특했던 눈빛은 평생 내 마음속 깊이 남아있다. 리타는 항상 "불가능한 것은 없어"라고 말하며 응원해 주었다.

나중에 내가 홋카이도 요이치에서 위스키를 만들기 시작했을 때, 맨 처음 만든 위스키 원주는 셋츠주조에 주려고 했다. 만약 셋츠주조가 위스키를 만들게 되면 그때 사용할 수 있도록. 그것이 조금이나마 내가 보은할 수 있는 방법이라고 생각했다. 그래서 가장 먼저 셋츠주조에 제안해 보았지만 실현되지는 않았다.

잠시 동안 백수 생활을 했다. 1922년부터 1923년 초까지 몇 개월이었지만 내 인생에 있어 위스키를 떠나 있던 유일한 시간이었다. 이때는 학교에서 아이들을 가르쳤다. 테즈카야마 근처의 영국인 목사 롤링 씨가 교장으로 있던 모모야마 중학교桃山中学校였다. 아내 리타가 롤링 씨의 부인과 친하게 지내고 있었기 때문에 실업을 걱정하고 있던 나를 모모야마 중학교 화학 교사로 채용시켜 준 것이다.

롤링 씨는 그 후에도 일본의 교육과 기독교 전파에 힘썼으나 1933년 9월 7일 폐렴으로 돌아가셨고, 유골은 아베노阿部野에 있는 외국인 묘지에 묻혔다. 내가 홋카이도로 독립했을 때 아내 리타와 함께 묘지에 참배했는데, 예쁜 꽃이 장식되어 있었고 청소도 잘 되어 있었다. 리타가 편지를 써서 영국으로 돌아간 롤링 부인에게 이를 알리니 무척 기뻐했다.

한편, 아내 리타도 테즈카야마 학원에서 영어를 가르치면

서 영어와 피아노 개인 교습도 했다. 이와 관련해서 노다 우이치野田卯一 씨가 쓴 『타케츠루 씨와 나竹鶴さんと私』라는 글에서 이렇게 기록을 남겼다.

나는 오랫동안 대장성大蔵省†에서 근무하면서 타케츠루 씨와 친해지게 되었는데, 사실 내 아내는 결혼 전부터 타케츠루 집안과 인연이 있었다. 리타 부인은 양가의 처자들에게 영어를 가르치고 있었는데 아내는 언니의 소개로 리타 부인한테 영어를 배우기 시작했고, 그 후로 계속 알고 지내고 있었다. 타케츠루 집과 우리집의 관계는 가히 운명적이라고 해도 좋을 정도다.

리타와 노다 부인이 알게 된 것도 이 시기다. 리타는 이때부터 아이들을 좋아하기로 유명했다. 어린 여자애들의 피아노 소리, 리타의 밝은 목소리 덕에 위스키 만들기와는 멀어져 허전했던 기분이 잊힐 정도로 화목했던 몇 달이었다. 우리가 이런 생활을 하고 있을 때 마침 코토부키야의 사장 토리이 신지로 씨가 찾아왔다. 1923년, 매화 필 때 무렵이었던 것 같다. 토

† 한국의 재정경제부 해당하는 과거 일본의 중앙 행정기관. 2001년에 없어졌다.

리이 씨는 내가 유학가기 전부터 알고 지냈으며, 떠날 때 고베 항에 나와 배웅까지 했던 분이다.

"아카타마 포트와인赤玉ポートワイン은 순조롭게 잘 팔리고 있고, 이제는 어떻게든 진짜 위스키를 만들고 싶네. 미츠이 물산三井 物産에 이야기해서 스코틀랜드에서 기술자를 데려오려고 했는데 오히려 그쪽에서 "일본에도 기술자가 있어, 게다가 일본인이야!"라고 말해서 당장 자네에게 달려왔다네"라고 열정적으로 이야기했다.

그 무렵 토리이 씨의 사업은 아카타마 포트와인을 중심으로 약진하고 있었다. 제조 방식도 기존의 위탁 생산 방식은 그만두고, 측코築港에 공장을 세워 직접 생산하고 있었다. 주식회사 코토부키야를 설립하여 병입 공장도 증설하고, 도쿄에 영업소도 만들어 의욕적으로 사업을 추진하고 있었다. 광고에서는 카타오카 토시로片岡敏郎 씨가 입사하여 활약하고 있어서 아카타마 포트와인은 나날이 인기 상품으로 성장해 가고 있었다.[†]

그 흐름을 타고 토리이 씨는 주위의 걱정은 뒤로한 채 일본에서 진짜 위스키를 만들 생각을 하고 있었다. 그런데 미츠이

---

† 일본의 최초 누드 포스터로 알려진 아카타마 포트와인의 유명한 광고가 카타오카 토시로의 작품이다.

물산 런던 부지점장 나카무라 코스케中村幸助 씨를 통해 무어 박사를 1순위로 하여 위스키 기술자 초빙을 진행하고 있었는데 무어 박사가 내 이야기를 했다고 한다. 그것을 미즈이 물산 오사카 지점의 이자와 씨가 토리이 씨에게 전한 것이다.

셋츠주조를 그만두고 새로운 생활을 시작한 지 얼마 되지 않았던 터라 바로 답을 드릴 수가 없었다. 삼고초려 고사처럼 토리이 씨는 세 번이나 우리 집에 찾아왔다. 나는 양조 기술자로서 일본에서 위스키를 만들기 위해 인생을 바친 남자다. 당연히 기쁘지 않을 리가 없다. 우리 둘의 이야기는 점점 진척되고 있었다. 나는 요구할 수 있는 것은 전부 요구할 수 있었다. 다만 증류소를 짓는 장소는 홋카이도가 가장 적합하다는 의견에 대해서 토리이 씨는 이렇게 말하며 들어주지 않았다.

"이제 소비자에게 공장을 보여 주지 않는 상품은 절대 커질 수가 없다네. 오사카에서 가까운 곳에 증류소를 짓고 싶네."

토리이 씨의 상품을 만들어 내고 키우는 감과 노력은 천부적이었다. 이때가 바로 그 좋은 예일 것이다. 당시 홋카이도는 오사카에서도 사흘 이상 걸렸고, 사람들에게는 벽지의 섬으로 여겨지는 시대였다. 내가 코토부키야에 들어가는 조건으로 위스키를 만드는 것을 전담하고, 필요한 자금은 얼마든지 사용할 수 있으며, 10년간 일하며 연봉으로 4,000엔을 받기로 했다. 연봉은 스코틀랜드에서 기술자를 데려오는 비용을 그대로 나에게 적용한 것이며, 계약 기간 10년은 위스키가 상품으로 완성되는 데 필요한 시간 때문이었다. 그렇게 1923년 6월에 코토부키야에 입사했다. 우선 위스키 증류소를 짓는 장소를 물색하고 정하는 것이 내 첫 일이었다.

물 맑은 땅 야마자키를 찾다

위스키 증류소 건설에 적합한 장소의 조건은 여러 가지다. 공기가 맑아야 하고, 근처에 강이 있어야 하며, 여름에도 온도가 별로 상승하지 않아야 하고, 피트 지대가 있어야 한다. 오사카 근처로 지역을 한정하여 조건에 가장 적합한 곳을 지도에서 찾았다. 그리고 괜찮다 싶은 곳을 직접 찾아갔다. 오사카뿐만 아니라 타카라즈카宝塚, 키슈紀州, 시가滋賀, 마이코舞子까지도 찾아갔다. 그 결과, 오사카에서 가장 좋았던 곳이 지금의 산토리 증류소가 있는 야마자키山崎였다.

나는 이곳을 강 건너편의 산 위에 있는 신사에서 바라보며

최종 결정을 내렸다. 1923년 10월 수질 조사 등을 끝내고 토지 매입을 완료했을 때는 관동대지진이 일어난 직후였다.

토리이 씨는 즉각 배를 빌려 아카타마 포트와인이나 에르메스 위스키를 도쿄로 실어 날랐고, 날개 돋친 듯 팔려 나갔다. 이렇게 관동 시장마저 잠식해 나가며 코토부키야는 한순간에 대약진하게 되었다.

1924년 4월 야마자키 증류소의 설계를 끝내고 기공식을 했다. 설비나 기계 발주도 전부 혼자서 할 수밖에 없는 바쁜 나날이 이어졌다. 보리 분쇄기와 여과기는 영국에 발주했지만 그 외에는 전부 일본 회사에 도면을 주고 하나하나 설명하며 만들어 나갔다. 특히 위스키 제조의 심장과도 같은 거대한 단식 증류기(팟 스틸)는 오사카 서구의 와타나베 구리 제련소에 부탁했다.

이곳에는 몇 번이나 찾아가서 설명하며 제작 과정을 지켜보았다. 완성될 때까지는 수 개월이 걸렸다. 이렇게 완성된 증류기 2대를 가져오는 것도 큰일이었다. 지름 3~4미터, 높이 5미터의 구리 솥이다.

육지로 운송하는 것은 도저히 무리라서 배에 실어서 강을 따라 올라갔다. 카미야마자키上山崎에서 내려서 거기부터는 광차를 사용했다. 광차에 증류기를 올리고 말이 끌고 가는 식이었다. 그러나 증류소로 가는 길에 있는 기차 선로가 난관이었다. 역에 기차의 운행 간격이 가장 긴 때를 물어봤다. 그래서 한밤중에 선로를 넘어 겨우 옮겼던 일이 생각난다.

기계 설비 제작을 맡은 기술자도 처음 해 보는 일이었다. 설계도면 외에는 내 설명이 유일한 단서였기 때문에 당황할 수밖에 없었다. 나는 스코틀랜드에서 유학했을 때 아주 사소한 것일지라도 그림으로 그리고 자세히 기록해 놓았다. 만약 이 노트가 없었다면 위스키 증류소를 만드는 것은 아마도 불가능했을 것이다. 그러나 막상 기계를 설치하고 작동하려고 하니 의문점이 하나 둘 생겨났다. 하지만 일본에서는 물어볼 사람이 없었다. 어떻게든 노트나 영국의 자료에 의지해서 해결해 나갈 수밖에 없었다.

그중에 가장 큰 문제는 두 가지였다. 위스키의 원료인 보리를 건조시킬 때 천장에 철망을 설치하고 그 위에 보리를 펼쳐 놓는다. 그리고 밑에서 피트를 태워 싹과 뿌리가 자란 보리를 건조시킨다. 하지만 피트를 태우는 곳에서부터 철망까지의 정확한 거리를 몰랐다. 다른 하나는 증류기에 있었다. 석탄을 태우는 곳에서 증류기 바닥까지의 거리가 확실하지 않았다. 거리에 따라 열전도율이 달라진다. 둘 다 매우 민감한 문제였다. 정성스럽게 작성한 노트에도 기록되어 있지 않았다. 책에도 물론 나오지 않았다.

이 두 가지 큰 문제와 그 밖의 궁금한 것들을 해결하기 위해 나는 영국으로 가서 실제로 석탄을 태우는 곳에서 증류기 바닥까지의 거리를 재 보고 왔다. 이 정도는 증류소를 만들며 고생한 일의 일부에 지나지 않는다. 완성되기까지 밤새 일한 적도 며칠 있을 정도로 바빴다. 제조 면허 신청서를 오사카 세무서에 제출했지만 진짜 위스키 제조는 일본에서 처음 있는 일이라 오사카에서 결정하지 못하고 대장성 심의까지 올라가 1924년 4월에 겨우 허가받을 수 있었다.

세금 문제에 부딪히다

교토 교외 야마자키 땅에 가늘고 긴 파고다 루프가 홀연히 머리를 내밀었다. 스코틀랜드의 증류소와 똑같았다. 단층집이 많았던 당시에 이 기묘하게 생긴 건물은 금세 많은 사람들에게 흥미와 관심을 불러일으켰다. 준공식은 1924년 11월, 토리이 씨의 방침대로 유명 인사와 관계자, 언론사 등을 초청하여 성대하게 치렀다. 야마자키 공장에는 200만 엔 정도의 비용이 들었다. 당시의 200만 엔은 지금의 십몇억 엔에 달하는 큰 돈이었다.†

---

† 여기서 말하는 '지금'은 타케츠루가 이 글을 집필할 당시인 1968년을 말한다. 현재인

"짧은 시간에 혼자서도 잘 해냈네요. 고생 많으셨습니다."
이런 말을 자주 들었다. 그러나 내게 위스키는 연인과도 같다. 사랑하는 연인을 위해서라면 어떠한 고생도 힘들지가 않다. 오히려 즐거웠고 기쁘게 일할 수 있었다. 게다가 토리이 씨가 전적으로 믿고 맡겨주셨기 때문에 책임감을 갖고 일할 수밖에 없었다.

증류소를 만드는 것도 꽤나 힘든 일이었지만, 증류소를 만들고 나서도 큰일들이 기다리고 있었다. 하나부터 열까지 모두 내가 해야 했고, 내가 가르쳐주지 않고서는 아무 것도 모르는 사람들 뿐이었다. 일하는 사람은 고향 히로시마에서 사케를 만드는 양조 기술자를 10명 정도 불러서 익숙해질 때까지 가르쳤다. 기계들의 이름을 외우게 하는 데에만 며칠이 걸렸다. 그 후 양조 기술자들의 입에서 영어로 된 기계 이름이 자연스럽게 튀어나오게 되었다. 비로소 새로운 일에 익숙해진 것이다.

위스키 제조 문제는 이렇게 점점 풀려나가고 있었지만 세금 문제가 기다리고 있었다. 당시 주세법은 완성된 술에 세금을 매기는 방식이었다. 그런데 일본 사케와 달리 위스키는 몇 년

2020년 기준으로는 훨씬 더 큰 금액에 해당할 것이다.

이상 오크통에 넣고 숙성을 시키지 않으면 상품이 되지 않는다. 위스키 스피릿은 오크통의 세세한 나뭇결을 통해서 외부의 공기와 섞이면서 10년이면 절반 가까이 증발하고 좋은 위스키 원주로 다시 태어난다. 증류가 끝나고 오크통에 넣자 마자 세금을 매기게 되면 상품이 되기까지 줄어드는 양에도 세금을 내야 한다. 양도 줄어드는데 거기에 세금까지 내면 위스키 회사는 절대 유지할 수가 없다.

다행히도 대장성 주세국에 이시와타 소타로石渡荘太郎(나중에 장관에 해당하는 궁내대신宮内大臣이 됨)라는 친척이 있었다. 그래서 그의 소개로 당시 오사카 세무감독국의 간접세 부장인 호시노 나오키星野直樹 씨(나중에 기획원총재 국무대신企画院総裁国務大臣이 됨)를 만났다. 영국의 예를 들며 위스키는 만들어졌을 때 세금을 매기는 게 아니라 출고할 때 세금을 매겨야 한다는 주장을 했다.

다른 술과는 다르게 위스키는 오크통에 몇 년 동안 숙성시키지 않으면 술이 되지 않는다든가 그 사이에 양이 줄어든다는 등의 이야기는 한두 번의 설명으로는 도저히 이해시킬 수가 없었다. "주세법의 원칙은 원칙, 예외는 인정할 수 없다"라는 대답만 들었다.

나도 필사적이었다. 나도 고집이 센 편이었지만 호시노 씨도 고집이 매우 셌다. 그러나 머리가 매우 좋은 사람이었기 때문에 몇 번이나 찾아가니 대답은 "뭔가 방법을 생각해 보자"가 되었고, 결국 호시노 씨의 노력으로 주세법이 개정되어 "숙성하지 않은 위스키 원주는 완성된 제품이 아니니 출고세庫出稅†를 적용한다"고 정해지게 되었다. 당시 대장성의 장관은 타카하시 코레키요高橋是清 씨, 차관은 쿠로타 히데오黒田英雄 씨였다. 그런데 출고세는 인정되었지만 세무서에서는 "위스키 결감의 검사 방법도 모르고 검사부서를 어떻게 만들어야 할지 모르겠다"라고 했다. 그래서 영국의 검사 방법을 설명하며 세무서를 돕다 보니 문제를 해결할 수 있었다.

---

† 상품을 시장에 출고할 때 부과되는 세금.

일본 최초의 진짜 위스키

1925년 6월, 첫해의 증류를 끝냈다. 야마자키 증류소에서 갓 만든 위스키 스피릿 샘플과 증류소 설비 및 업무상의 몇 가지 의문점을 갖고 다시 영국으로 갔다. 그리고 이네 박사를 찾아갔다. 이때 확실한 기록이 없어 곤란했던 증류기와 석탄 불 사이의 거리를 측정했다. 내가 직접 아궁이에 들어가 새까맣게 되면서 측정한 것이다.

바쁜 나날을 보내고 있던 차에 오랜만에 변하지 않은 영국의 고요함을 즐겼다. 이네 박사는 샘플 스피릿을 몇 번이나 냄새를 맡고 마셔보며 테스트를 했다. 그리고 잘 만들었다며 칭찬을 해줬다. 동시에 세세하게 설명을 해주며 중요한 부분은 나에게 질문해 가면서 잘 하고 있는지 체크를 했다.

화학자와 화학자의 영혼이 통할 때야 말로 석양을 가득 품고 붉어진 고요한 바다처럼 마음의 평온을 느낄 수 있다. 영국의 시골 마을 캠벨타운에서 이네 박사와 다시 만나 함께 지냈던 2주 동안 나는 이 길을 택해서 정말 행복하다는 것을 절실히 느낄 수 있었다.

위스키 제조는 시작하고 적어도 5년간은 상품을 판매할 수가 없기 때문에 인내심이 필요한 사업이다. 게다가 매년 새로운 위스키 스피릿을 증류해서 오크통에 담아 숙성이 되기를 천천히 참고 견뎌야 하는 아주 귀찮은 상품이다. 공장을 건설하는 막대한 비용도 매년 만드는 스피릿도 상품으로 완성되기까지는 일종의 투자인 것이다. 그러나 그동안 위스키는 아주 천천히 색과 향을 바꿔가며 자라난다.

그러는 사이에 다이쇼에서 쇼와昭和†로 시대가 넘어갔지만 나는 뒷산에 있는 집과 증류소 사이를 오가며 위스키를 만드는 데에 전념할 뿐이었다. 1926년 코토부키야는 치약 스모카스모카를 판매하기 시작했고 쇼와 시대에 들어와서는 '신캐스케

---
† 1926년부터 1989년까지의 일본 연호.

이드 맥주新カスケードビール', '도리스 홍차トリス紅茶', 농축사과 주스 '코린コーリン' 등을 판매하며 사업의 다각화를 시작했다.

다이쇼 말부터 쇼와 초까지 일본은 불경기에 빠져 있었다. 물가는 떨어지고 수요도 늘어나지 않았다. 1927년은 와타나베은행渡辺銀行이 파산하며 금융 대란이 발생하여 쥬고은행十五銀行, 타이완은행台湾銀行 등이 잇달아 휴업 상태가 되었고, 결국 긴급하게 지급유예를 선언했다. 쇼와 초기는 맥주 사업의 경쟁도 뜨거웠다. 당시는 대일본맥주大日本麦酒, 기린맥주麒麟麦酒, 일본맥주광천日本麦酒鉱泉, 사쿠라맥주桜麦酒, 일영양조日英醸造 등의 맥주 회사가 있었다.

일영양조의 맥주 공장은 6층 건물로 요코하마에 약 3만 평이나 되는 대지에 있었다. 캐나다 빅토리아에 있는 캐스케이드 Cascade 맥주의 제조 방법을 그대로 차용하여 캐나다와 똑같이 '캐스케이드'라는 이름의 맥주를 판매하고 있었다. 점유율은 일본 맥주 전체에서 2% 정도였던 것 같다. 그런데 지진으로 큰 피해를 입고, 불경기에 경영난을 겪으며 세금을 체납했고, 결국 1928년 일본흥업은행日本興業銀行을 통해 경매로 나왔다. 나는 토리이 씨가 이 공장의 견적을 부탁해 이틀 밤을 새워 입찰 금액을 계산했다. 그리고 입찰가로 68만 엔을 써서 제출했다.

1928년 11월 공장의 입찰이 진행됐고 세 곳이 참여했다. 처음에는 예정되었던 최저 가격에 미치지 않아 재입찰을 진행했다. 그러나 다른 두 회사가 떨어져 나갔기 때문에 지정 가격에 코토부키야의 손에 들어오게 되었다. 그렇게 해서 한 달 뒤인 1927년 초부터 '신캐스케이드'라는 이름으로 코토부키야의 첫 번째 맥주가 판매되기 시작한 것이다.

자, 그럼 다시 위스키 이야기로 돌아가 보자. 그 무렵 야마자키 증류소에서 처음으로 오크통에 넣어 숙성시킨 위스키는 창고에서 만 4년의 세월 동안 숨쉬며 점점 색이 짙어지고 부드럽게 변해가고 있었다.

위스키 제조의 마무리는 고숙성 원주와 저숙성 원주를 블렌딩해서 오크통에 넣고 다시 숙성시키는 일이다. 위스키 블렌딩은 불가사의해서 저숙성 몰트 원주끼리, 고숙성 몰트 원주끼리 섞는 경우는 반드시 그 결과가 좋지 않다. 그런데 고숙성 몰트 원주에 저숙성 몰트 원주를 섞으면(예를 들어 10년 숙성 원주에 비교적 저숙성인 5년 숙성 원주를 섞는 경우) 저숙성 원주가 고숙성 원주에 동화되어 한층 더 맛있는 위스키가 된다. 하지만 당시에는 저숙성 몰트 원주밖에 없었다.

당연한 일이었지만 당시 일본은 화학적 지식은 있었지만 블

렌딩이나 숙성에 대한 경험적 지식이 없었다. 고숙성 원주가 없어서 블렌딩하는 것이 어려웠던 상황이기도 했지만, 다른 한편으로는 위스키를 상품으로 빨리 출시해야 하는 상황이기도 했다. 그래서 아직은 만족스럽게 블렌딩된 위스키가 없었음에도 어쨌든 1928년 4월 1일 처음으로 진짜 위스키 '시로후다 산토리白札 サントリー'를 세상에 선보였다. 출시 가격은 한 병에 3엔 50전이었다. 조니워커 레드가 5엔인 시절이었다.

그 후에 보급형 위스키 '아카후다 산토리赤札 サントリー'를 출시했는데, 역시나 평가도 좋지 않고 팔리지도 않았다. 너무 시대를 앞서간 탓도 있었다. 토리이 씨의 위스키에 대한 기대와 열정에 부응하기 위해 나도 필사적으로 노력했다. 하지만 연회에서 무조건 사케를 마시고, 겨울이면 맥주조차 보이지 않는 시대에 탄생한 위스키는 다른 술에 상대도 되지 않았다. 그러나 공교롭게도 그렇게 팔리지 않고 남은 위스키 원주는 10년의 시간이 지나 충분히 숙성되어 아주 훌륭한 위스키 원주가 되었다.

독립을 위해 퇴사를 결심하다

야마자키 증류소에서 최초로 만든 위스키, 즉 1925년 쇼와 초기 생산된 위스키가 숙성되어 원숙한 위스키로 거듭났다. 후시미노미야伏見宮 전하가 야마자키 증류소를 방문했던 1931년의 일이었다. 그해 4월, 일본산업협회의 총재로 있던 전하를 맞이하여 나도 무척이나 힘이 들어가 있었지만, 토리이 씨는 지금까지의 고생을 다 보상받은 것 같이 기뻐했다. 전하는 해군으로 영국에 3년 동안 머물렀던 적이 있었기 때문에 위스키에 대해서 잘 알고 있었고 많은 관심을 보이며 여러 가지 질문을 했다.

1931년 8월 만주사변이 일어나기 한 달 전, 나는 세 번째 영국 행을 위해 일본을 떠났다. 이때는 토리이 씨의 장남 키치타로吉太郎 씨가 후계자로서 필요한 지식을 얻기 위해 위스키나 와인의 본고장을 둘러보기 위한 안내자의 역할이었다. 그리고 내게는 부인 리타의 귀향 여행 겸이기도 했다. 키치타로 씨는 고베고등상업학교神戶高商† 졸업 후, 코토부키야를 잇기 위해 토리이 씨의 일을 도우며 공부하고 있었다. 우리 집에서 함께 살았던 적도 있어서 아내 리타와도 매우 친했다.

키치타로 씨를 안내하며 스코틀랜드 증류소와 프랑스 와인의 본고장 보르도를 시작으로 유럽과 미국을 둘러보고 1932년 2월 일본으로 돌아왔다. 스코틀랜드의 증류소도 그곳의 사람들도 모두 옛날 그대로였다. 변한 것이 있다면 DCL이 영국의 5대 위스키 중 마지막으로 남아 있던 '화이트호스'까지 집어삼켜버렸다는 것이다. 이리하여 DCL 중심의 스코틀랜드 현대사가 시작되고 있었다.

코토부키야에서 위스키를 만드는 것은 처음으로 시도해 보는 사업이었지만, 맥주는 기존의 세력에 도전해야만 하는 입장이었다. 나는 맥주를 위스키와 분리해서 독립적으로 운영

---

† 현 고베 대학.

• 마사타카가 코토부키야에서 근무했을 무렵의 리타(1933년)

해야 한다고 생각했지만 결국 같은 경영 체제 아래에서 운영하기로 결정되었다. 나는 제조와 판매 모두 긴 시간이 필요한 위스키와 양산형 제품인 맥주와는 별도로 경영해야 된다는 의견이었으나 받아들여지지 않았다. "맥주 때문에 위스키 부문을 축소하는 일은 없을 것이다"라는 토리이 씨의 약속이 있었기 때문에 나는 그 방침하에 위스키와 맥주, 두 곳의 공장장을 겸임하고 있었다.

1929년 '신캐스케이드 맥주'를 출시했다. 당시 다른 회사의

맥주는 1병에 33전이었는데 이에 대항하여 1병에 29전이라는 저가로 출시했다. 그리고 1930년 '오라가 맥주オラガビール'라는 이름으로 바꾸었다. '오라가'라는 말은 당시 유행어 중 하나였다. 총리대신이자 정우회政友会† 총재였던 타나카 키이치田中義一 대장이 자신을 '오라가, 오라가'‡라고 했는데, 이 말은 당시 서민 감정과 잘 맞아떨어져 유행했기 때문에 맥주의 이름으로 사용된 것이다. 오라가 맥주는 1병 27전으로 값을 더 내리고 공격적으로 홍보와 영업을 이어갔다. 하지만 싼 게 비지떡이라는 사고 방식 때문에 생각보다 잘 팔리지가 않았다.

1933년, 맥주업계 정상화에 대한 압박으로 관서 지방에서는 '유니온 맥주ユニオンビール'가 아사히 맥주朝日ビール에 합병되었고, 관동 지방에서는 '오라가 맥주'의 인수 이야기가 나오기 시작했다. 이즈음 나는 본사로부터 공장 확장 공사 명령을 받았다. 그래서 오바야시구미大林組 건설 회사에 확장 공사 견적을 맡겼다. 그리고 기초 공사를 진행하고 있던 중에 갑자기 맥주공동판매麦酒共同販売(나중에 동경맥주東京麦酒가 됨)에 공장과 기업

---

† 메이지 후기부터 쇼와 전기까지 일본의 대표적인 정당. 정식 명칭은 입헌정우회立憲政友会다.
‡ 일본어로 '내가'라는 말인 오레가俺が를 다나카 키이치는 '오라가'로 발음하는 버릇이 있어 '오라가 대장'이라 불리기도 했다.

일체를 팔아 넘기기로 결정했다는 소식을 들었다. 매각 금액 250만 엔은 당시로서는 꽤나 큰 금액으로 코토부키야에 매우 유리한 거래였다. 하지만 공장 확장 때문에 밤낮 가리지 않고 일했던 공장장으로서 나는 매우 충격을 받을 수밖에 없었다.

이제 슬슬 마흔이 되어 가고 있었다. 독립을 하기로 결심한 것도 이때였다. 토리이 씨와는 싸우지 않고 원만하게 퇴사했다. 처음부터 계약은 10년이었고, 나도 평소에 자신의 위스키를 만들고 싶다는 생각을 하고 있었다. 계약 기간이 다 되었을 무렵, 1932년에 퇴사하고 싶다는 의견을 표했지만 보류되고 있었다.

어쨌든 사케 보호 시대에 토리이 씨가 없었더라면 민간의 힘으로는 절대 위스키를 만들 수 없었을 것이라고 생각한다. 그리고 토리이 씨가 없었더라면 내 위스키 인생도 없었을 것이다.

홋카이도 요이치에 대망의 위스키 증류소를 세우다

위스키를 만드는 일은 몇 년 앞을 내다보고 인내심을 갖고 해야 하는 사업이다. 위스키를 만들기에 적합한 곳을 찾아 좋은 원주를 만들고 시간을 두고 숙성시켜야 한다. 숙성이 될 때까지 버텨낼 수 있는지가 이 사업의 성패를 가르게 된다.

독립해서 내 자신의 위스키를 만들기로 결심했을 때, 만들면 바로 팔 수 있는 주스를 만들어 팔면서 위스키를 만들어야겠다고 생각했다. 먼저 카가증권加賀証券의 카가 쇼타로加賀正太郎 씨에게 상담을 요청했다. 카가 씨는 야마자키 근처에 살고 있었고 아내 리타가 카가 씨 부인에게 영어를 가르치고 있어서 좋은 관계를 유지하고 있었다. 그다음에는 테즈카야마 근처에 살던 시바카와 마타시로芝川又四郎 씨, 그리고 영국에서부터 알고 지낸 미식가 야나기사와柳沢 백작, 이 세 명의 지원을 받아 자본금 10만 엔으로 회사를 설립하기로 했다.

증류소의 부지는 전부터 눈여겨보았던 홋카이도의 요이치로 망설임 없이 결정했다. 요이치는 샤코탄積丹반도 초입에 있는 마을로 요이치 강이 바다로 흘러 나가는 하구에 위치해 있다. 요이치는 청어 어장으로도 유명했는데, 사과, 포도 등의 산지이기도 해서 해산물과 농산물이 모두 풍요로운 천혜의 지역이었다. 요이치의 뜻은 아이누족의 언어로 '이요테인' 뱀처럼 구불구불한 큰 강이 있는 곳이라는 설과 '이오치' 뱀이 있는 따뜻한 곳이라는 두 가지 설이 있다. 근처에서는 피트도 캘 수 있어 위스키를 만드는 데 안성맞춤인 조건을 갖고 있는 지역이다.

요이치가 아직 '이요치포로코탄ㅓヨチポロコタン'이라고 불릴 때는 바다나 강에는 물고기가 넘쳐났고 산에는 사슴이나 곰, 여우 등 동물이 많이 살고 있었으며, 가을에는 털야광나무가 빽빽했다. 아이누족에게는 무엇 하나 부족할 것 없는 별천지였다. 그런데 18세기 초 마츠마에번이 연어, 청어를 구하기 위해 이 벽

지에 진출하려고 했다. 이에 겐분元文 시절(1736~1741년) 마츠마에松前가의 영주 마츠마에 헤이지자에몬松前平治左衛門이 가신에게 명령하여 요이치 지역과 교류를 시작하도록 했다.

1806년에 마츠마에 후쿠야마松前福山 지역의 거상 후지노키 헤이藤野喜兵衛가 장소청부인場所請負人[†]을 맡아 본격적으로 개발되기 시작했다. 쇼와 초기까지도 청어가 풍요롭게 잡혔다. 이때부터 러시아의 군함이 에조치蝦夷地[‡]를 조사하기 위해 자주 출몰했다. 1809년 막부는 북방 경비를 강화하기 위해 그다지 믿음직스럽지 못했던 마츠마에번 대신에 난부南部번에게 요이치의 경비를 맡겼다.

1821년이 되자 마츠마에번은 막부의 관리에게 뇌물을 주고 다시 니시에조치의 지배권을 가져왔고 요이치에 장소청부제를 실시했다. 당시 고기잡이는 모두 아이누족 사람들이 맡고 있었다. 여전히 어족은 풍요로웠으나 번주가 과도한 상납을 요구했다. 이런 부담은 아무것도 모르는 아이누족에게 고스란히 지워졌다.

[†] 장소청부제란 홋카이도를 지배하던 마츠마에번에서 아이누들과 교역을 통해 얻는 이익으로 가신들의 급료를 대신하게 한 제도다. 이후에는 가신들이 아닌 지역 상인들이 수수료를 내고 아이누족과 거래를 도맡아 했는데 이들을 장소청부인이라고 한다.
[‡] 일본인이 아이누의 거주지를 가리키는 데 사용하는 말.

아이누족에게 충분한 식량도 주지 않았고 남녀를 갈라 놓고 여자는 잡아갔다. 그리고 남녀 가릴 것 없이 밤낮으로 혹사시켰다. 피쿠니코탄ピクニコタン의 아이누족은 수장 에코마를 시작으로 70여 명이 몰살당했다고 한다. 몇 년 전까지도 요이치에서는 몰래 제사를 지내는 요이치코탄ヨイチコタン 사당이 있었는데 마츠마에번의 몰락을 기원하기 위해 만들어졌다고 전해진다.

평화로운 낙원이었던 요이치코탄의 아이누는 오랜 고난의 역사를 거치며 사라져갔다. 이런 비극적인 역사 위에서 청어잡이는 점점 번성해 나갔다. 다이쇼 시대(1912~1926년)에는 평균 어획량이 한 어장당 49,000석(1석은 약 150kg)에 달해, 청어를 실은 마차가 항구에서부터 역까지 장장 4km에 걸쳐서 이어졌으며 이런 날이 계속 됐다.

한편, 사과는 요이치를 개척했던 아이즈会津번의 사무라이들이 심은 것이다. 에도 막부 말기 무진전쟁戊辰の役에서 최후까지 남아 '백호대의 비극白虎隊の悲劇'을 낳은 아이즈번의 사무라이들이 요이치로 유배된 것이 1871년이었다. 당시의 요이치는 원시림으로, 괭이도 없던 무사들에게는 무척이나 힘든 곳이었고 낙오자가 속출했다. 이런 어려운 환경 속에서 농업을 안정

시킨 것이 바로 사과였다고 한다.

요이치의 사과가 시작된 것은 1875년 개척사가 미국으로부터 가져온 묘목을 일곱 그루씩 나누어 주면서부터였다. 당시의 농가는 경험이 부족하여 대부분을 시들어 죽게 만들었다. 그러나 1879년에 결실을 맺었다. 일본 최초의 사과를 탄생시킨 금자탑을 쌓은 것이다. 이때 사과 사무라이들의 기쁨은 상상 이상이었을 것이다. 청어는 환상처럼 사라졌지만 사과는 품종도 늘어나 요이치의 가을을 지금까지도 선명하게 물들이고 있다.

악전고투 속에서 위스키를 만들다

　요이치로 이사하고 가장 기뻐한 것은 아내 리타였다. 기후와 풍경이 스코틀랜드와 비슷했고, 특히 아침과 저녁의 느낌이 똑같았다. 산에 낀 연무를 보고 있으면 마치 고향 스코틀랜드에 돌아온 것 같았다고 한다. 그리고 스코틀랜드에서 가져온 골프채를 정원에 가지고 나와 어프로치 연습을 하곤 했다.

　1934년 10월, 증류소를 건설하고 '요이치 사과 주스余市リンゴジュース'를 만드는 한편, 스미토모은행住友銀行으로부터 100만 엔을 융자받고 위스키를 만들 준비에 착수했다. 창립 당시 회사 이름은 '대일본과즙주식회사大日本果汁株式会社'라고 지었다. 그때는 이

름에 뭐든지 '대일본'을 붙이는 풍조가 있었다. 그리고 '대일본맥주'를 목표로 노력해서 크게 성장하자는 의미도 있었다.

그런데 막상 회사 상품을 만들고 판매를 시작하자 회사 이름처럼 잘 되지는 않았다. 프랑스산 농축기를 사용해 진공 저온 농축으로 비타민을 살린 사과 주스를 1병에 30전에 판매했다. 한 병에 약 다섯 개 분의 사과가 농축되어 영양이 매우 풍부하여 홋카이도 고급 병원에서 사용하기까지 했다. 하지만 레모네이드나 사이다의 시대였기 때문에 일반 사람들의 기호에 맞지 않았고 가격도 너무 비쌌다.

도쿄나 오사카에는 오타루小樽에서 배로 운송했다. 그런데 오타루를 출발하여 수일이면 도착하는 배가 도쿄에 도착하지 않았다. 그래서 조사해 보니 홋카이도 북쪽에 루모이留萌 항구에서 선적을 너무 늦게 하고 있었다. 또 여러 곳을 경유하는 사이에 눈을 맞고 도쿄에 도착할 때 즈음이면 라벨에 곰팡이가 슬어서 팔지 못하게 되는 경우도 있었다. 그리고 상품의 회전이 잘 되지 않아서 도쿄에서 판매하던 주스에서 팩틴이 응고되어 색이 탁해지는 바람에 경찰서에 불려가는 등 악전고투의 연속이었다.

가장 힘들었던 시기였으나 직원들과 도매상들의 노력으로

견뎌낼 수 있었다. 그러나 요이치 마을에서는 적자 회사라는 소문이 금방 퍼져서 오타루 근처에서도 '적자 회사 주스'라고 불리며 놀림거리가 되고 말았다. 사과 주스에서는 고전하고 있었으나 위스키를 만들 준비는 순조롭게 진행되고 있었다. 단식 증류기는 야마자키 증류소를 만들 때 증류기를 만들었던 키다 센노스케喜田専之輔 씨에게 부탁했다. 2년째 되던 1936년 가을에 기다리고 기다리던 위스키 증류를 시작했다.

위스키는 위스키 스피릿이 완성되어도 그 상태로는 제품이 될 수 없다. 숙성이라는 인내의 작업이 남아있다. 요코하마 맥주 공장에서 나를 따라와준 코마츠사키小松崎라는 장인이 오크통을 만들었다. 위스키 스피릿을 증류해서 오크통에 채우고 증류하고 채우는 것이 당시의 일이었다.

1934년부터 1936년에 걸쳐 천황기관설天皇機関説[†] 문제가 대두되고 2.26사건[‡] 같은 일들이 전쟁을 확대하는 방향으로 급격히 흘러가고 있었다. 위스키 증류소를 만들었던 홋카이도 요이치 마을에서도 큰 변화가 일어나고 있었다.

[†] 국가의 권력이 천황으로부터 나오는 것이 아니라 천황은 국가의 여러 권력 기관 중 하나라는 주장.
[‡] 1936년 2월 26일 일본 육군 청년 장교들이 반란을 일으킨 사건.

니카 제1호 위스키의 탄생

청어의 산지로 대호황을 누리고 있던 요이치에 청어가 갑자기 잡히지 않게 되었다. 청어 떼가 밀어닥칠 때의 풍경은 봐도 봐도 이해하기가 힘들다. 산란기의 청어는 바다를 새하얗게 물들이며 떼를 지어 바닷가로 쏟아져 들어온다. 선두에 위치한 청어는 밀려오는 청어들 때문에 바다로 돌아가지 못하고 해안가로 밀려들어 은빛 비늘을 반짝이며 모래 위에서 펄떡거린다. 이때 어부들이 바빠지는 것은 당연한 일이었고, 심지어 마을 사람들이 총출동하여 해안가의 청어들을 주워담는다. 내가 요이치에서 이런 광경을 본 것은 1934년이 처음이자 마지막이었다.

  그 후 어부들은 매일 청어 감시대에 올라가 바다를 바라보며 서 있었다. 그 기대와 불안은 많은 비극적인 이야기를 낳았다. 청어는 결국 '환상의 물고기'로 전락했다. 이렇게 해서 청어 때문에 이어지던 요이치 마을의 호황은 끝나고 말았다. 니카의 홋카이도 증류소에 있는 회관이라고 불리며 집합 장소로 사용되었던 건물은 과거 번영을 누렸던 청어잡이 선주들이 앞다투어 만든 건물이다. 청어 호황이 끝난 뒤 니카가 인수하여 해안에 그대로 옮겨와 지은 것이다.

  다행히 위스키는 계절이 변해감에 따라 천천히 숨을 쉬며 순조롭게 숙성되고 있었다. 먼저 출시했던 사과 주스의 판매는 부진했지만 숙성 창고에 있는 위스키를 보고 있으면 몸도 마음도 평온해지는 느낌이었다.

  1937년 10월에 출시한 '사과 젤리', '포도 젤리', '사과 소스'도 위스키로 이어지는 상품이었다. 그다음 해에 출시한 '사과 와인'은 니카만의 독특한 제품으로 지금까지도 니카의 제품군 중 하나로 자리잡고 있다.

  1940년 가을, 삐쭉삐쭉한 선이 들어가 있는 각진 병의 니카 제1호 위스키를 발매했다. '니카'라는 상품명은 당시의 회사

이름인 '대일본과즙'[†]을 줄인 말인 '니카'로부터 따와서 만든 것이다. 니카라는 이름의 세 글자[‡]를 사용한 이유는 가로로 써도 한쪽에서 읽을 수밖에 없고 세 글자가 어조도 좋고 네온사인으로 만들 때도 공간을 적게 차지하기 때문이다. 그리고 같은 공간이라면 크게 쓸 수 있다는 장점이 있기 때문에 결정했다.

홋카이도에서 만든 최초의 위스키도 숙성 기간이 짧았기 때문에 블렌딩에 어려움이 있었다. 그래서 독립 후 처음 세상에 내놓는 작품으로는 만족스럽지 않았지만 내게는 감격스러운 것이었다.

니카의 첫번째 위스키가 출시되고 두 달 후, 가격 통제의 시대가 찾아왔다. 그래서 위스키는 1급, 2급, 3급(현재는 특급, 1급, 2급[9])으로 나뉘게 되었다. 니카 위스키는 산토리サントリー, 토미トミー와 함께 상공성商工省[§]과 대장성의 공동 고지로 1급 위스키로 지정되었다.

통제 시대로 접어드는 동시에 요이치 증류소는 해군의 지정 증류소가 되어 위스키 원료인 보리를 배급받았기 때문에 위스키의 저장 재고는 점차 늘어갔다. 증류소 부지 안에는 주변이

[†] 일본어 발음은 '다이니혼카쥬'다.
[‡] 니카日果는 카타카나로는 ニッカ 세 글자다.
[§] 산업 행정 담당 부서.

늪으로 둘러 쌓인 섬이 있었다. 숙성 창고는 화재의 위험이 적은 이 섬에 지었다. 그리고 창고 간의 거리를 띄워서 만에 하나 일어날지도 모르는 재해에도 대비했다. 또 매해 생산되는 위스키 원주를 창고마다 균등하게 배분하여 혹시 모르는 사고로 해가 끊기는 것도 방지했다. 위스키 원주는 위스키 회사의 생명과도 같다.

이 늪은 겨울이 되면 백로 두 마리가 항상 찾아왔고, 요이치 사람들은 어느 순간부터 '니카의 늪'이라고 부르기 시작했다.

한편, 전쟁이 확대되면서 점점 절망적인 국면으로 접어들었고, 마을에서도 많은 전사자가 발생했다. 위스키는 비극의 역사 속에서도 조용히 살아남고 있었다.

가짜 위스키 시대의 고뇌

가장 오래 숙성한 위스키 원주가 약 10년이 되었다. 이제 충분히 숙성되어 좋은 위스키를 만들 수 있는 준비가 되었다. 해군 지정 공장으로서 계속 만들어 왔던 위스키가 숙성되어 가는 도중에 종전을 맞이했다. 그러나 전쟁이 끝난 후 수년간은 위스키를 필요로 하는 시대가 아니었다. 판매를 해도 아직은 돈이 되지 않는 시대가 계속 이어졌다.

가짜 위스키라면 그런대로 팔렸다. '카스토리ヵストリ'나 '바쿠단ハクダン'이라고 불리는 위험한 밀주†가 횡행하던 시기였다.

---
† 감자나 고구마를 발효시켜 만든 밀주나 연료용 알코올을 희석하여 만든 밀주.

그런만큼 위스키가 매우 귀했다. 전후 혼란기에 홋카이도 위스키 증류소는 점령군의 간섭을 받았다. 점령군 간부는 15센트짜리 미국 담배와 위스키를 바꾸자는 형태로 위스키를 요구했다. 말도 안 되는 가격이었을 뿐만 아니라, 그동안의 고생을 생각하면 정말 어이없는 요구였다. "이 이상 요구하면 약탈 행위에 해당한다"고 단호하게 거절했다. 수염 난 일본 사람이 영어로 법률 용어까지 섞어가며 이야기하니 놀란 듯한 표정으로 말없이 물러난 적도 있다.

당시의 위스키 배급 가격은 120엔이었고 암시장에서는 1,500엔에 거래되기까지 했다. 이때는 위스키가 쌀 한 섬의 값이었는데, 회사가 암시장에 거래를 할 수도 없는 노릇이기 때문에 위스키를 만들면 만들수록 적자가 나는 이상한 현상이 계속되었다.

1949년 주류 자유 판매†가 실시되고 잡주‡의 공정 가격이 폐지되어 주류 시장은 점차 정상적으로 돌아가기 시작했다. 그러나 수많은 가짜 위스키들이 시장에 나돌아 다니는 시기가 계속되었다. 위험한 밀주인 카스토리나 바쿠단이 끊이지 않았

---

† 전쟁 후 주류의 판매를 통제하고 배급하던 법이 폐지되고 판매가 자율화되었다.
‡ 일본 주세법 지정에 의해 분류되지 않는 기타 주류.

고 메틸 알코올 때문에 눈이 머는 사람이 발생하는 등 매우 불안한 시대였다. 당시 세법으로 3급 위스키는 '위스키 원주가 5% 이하 0%까지 들어간 것'이었다. 0%라는 것은 위스키 원주가 한방울도 들어가지 않아도 세금만 내면 위스키라고 이름을 붙여 팔아도 된다는 것이다. 그러니 위스키 원주 0%의 위스키가 대부분이었고 다들 이름만 위스키였다.

가짜 위스키는 위스키가 아니다. 나는 도저히 그렇게 할 수가 없었다. 하지만 직원들과 그 가족들의 생활 문제가 있었다. 스코틀랜드에서는 위스키 원주만 만드는 증류소는 위스키 원주만 만들었고 그 원주를 팔아서 돈을 벌 수가 있었다. 그래서 스코틀랜드의 증류소처럼 다른 위스키 회사에 몰트위스키 원주를 판매해 보기로 했다.

가짜 위스키에 몰트위스키를 조금만 넣어도 맛이 꽤 좋아진다. 그렇게 하면 위스키 품질도 좋아지니 내 이상에 조금은 가까워지는 기분이 들었다. 그렇게 해서 상황이 점점 나아지고 있었다. 원주는 잘 팔렸고 전국에 있는 약 30개의 위스키 제조 회사에서 잇따라 요청이 들어왔다. 1949년 즈음의 일이다.

몰트위스키 원주를 팔아서 한숨 돌리게 되었으나 인플레이션이 심한 시대였다. 직원들의 급여도 점점 올랐다. 세금도 체납

하기 일쑤였다. 이것을 보다 못한 대장성과 국세청에서 나서기 시작했다. 특히 초대 국세청 장관이었던 타카하시 마모루 씨가 현실적인 조언을 하며 나를 설득했다.

"자네의 이상은 충분히 잘 알고 있네. 하지만 지금은 3급 위스키의 시대야. 다른 회사들은 점점 시장을 잠식하며 돈을 벌고 있지 않나. 위스키 원주를 갖고 있는 니카에서 만에 하나 안 좋은 일이 발생한다면 우리들도 곤란해져 버린다고." 국세청 장관으로부터 이런 이야기를 듣기도 했고 현재 회사의 사정을 볼 때 3급 위스키의 판매를 시작하지 않을 수가 없게 되었다.

전 직원을 광장에 모아 놓고, 지금까지 위스키를 만들기 위해 목숨을 걸었던 내가 양심에 반하는 3급 위스키를 만들 수밖에 없는 고충을 숨김 없이 털어놨다. 1950년 봄의 일이었다. 나는 세법이 허용하는 최고 비율까지 몰트위스키 원주를 넣어 타사의 640밀리리터 330엔 위스키에 대항하고 '좋은 것을 비싸게 파는 것은 당연하다'라는 생각으로 타사보다 140밀리리터가 적은 500밀리미터의 병을 20엔 비싼 350엔에 팔았다. 이로 인해 니카가 성장하기는 했지만 용량이 적고 비쌌기 때문에 타사와의 경쟁에서는 매우 불리했던 것도 사실이었다.

둥근 병 위스키로 경영난을 돌파하다

위스키 회사가 성장하며 규모도 매출도 점차 커져 감에 따라 인재의 필요성도 대두되었다. 우선 재정 관리 측면에서의 전문가가 없었다. 이에 일반 은행 출신이 아닌 일본은행으로 눈을 돌렸다. 일본은행 부총재를 지낸 이노우에井上 이사와 이치마다一万田 총재에게 부탁하여 통계국장인 도이 타로土井太郎 씨를 재정 담당으로 영입했다. 도이 씨는 일본은행의 오타루 지점장을 지냈을 때부터 나와 알고 지냈으며, 학창 시절 럭비 선수로 이름을 떨친 스포츠맨이기도 했다.

도이 씨의 입사 2년 후 영업 담당으로 입사한 콜롬비아 대학

상과 출신의 이야다니 준페이彌谷醇平 씨는 중학교 때 스모 선수였다. 게다가 이후에 총무 담당으로 입사한 오쿠무라 사부로奧村三郞 씨(전 아사히 맥주 상무)는 도쿄 대학 시절 유도 선수였다. 거기에 내 유도를 더하니 예기치 않게도 스포츠맨 콤비로 이루어진 팀이 되어버렸다. 세간에 명콤비라는 평가를 받고 있는 이 사람들을 얻고 나서 오늘날의 니카가 있을 수 있었다.

1952년 8월, 위스키 판매 회사가 '대일본과즙주식회사'라는 이름으로 있을 수 없어서 사명을 '니카위스키주식회사ニッカウヰスキー株式会社'로 변경했다. 그리고 같은 해에 '도쿄아자부東京麻布'의 모리毛利 씨 집 뒤에 위스키 병입을 할 수 있는 도쿄아자부 공장을 건설했다.

1953년 3월 1일, 지금까지 1급, 2급, 3급 위스키로 분류하던 것을 특급, 1급, 2급 위스키로 분류하게 되었다. 이때부터 일본 위스키 업계는 2급 위스키를 중심으로 성장하기 시작했다. 1954년은 위스키 회사의 판매 전쟁이 벌어졌던 해로 위스키의 소비량이 갑자기 증가했다.

이 당시 토미 위스키를 판매하던 '도쿄주조東京釀造'처럼 경영난에 빠진 곳도 생겨났다. 니카 위스키도 이런 흐름 속에서 크게 성장하지 못했다. 니카 위스키는 한 병의 용량도 적고 가격

도 비쌌기 때문이다. 이에 니카도 타사와 같은 용량, 같은 가격의 위스키를 출시해야 할 필요가 있다는 이야기가 주위로부터 들려왔다. 그래서 둥근 병의 통칭 '니키ニッキー'를 출시했다.

당시 니카 위스키는 홋카이도에서 60%, 다른 지역에서 40%의 비율로 판매되었다. 이것이 둥근 병 니키 위스키의 판매로 단숨에 역전되어 전국적인 상품 반열에 올랐다. 당시 영업 담당이었던 이야다니 사장에 따르면 500밀리미터 350엔에 팔던 것을 타사와 같이 640밀리미터 330엔에 판매하니 한 병 당 30%의 적자가 발생했다. 하지만 전국적으로 87% 성장하면 이 적자는 흑자로 전환된다. 어떻게든 한 번은 이 '데드 포인트'를 넘어서지 않으면 위스키 시장을 적극적으로 가져갈 수가 없다는 주장이었다.

다방면으로 거듭 검토하고 결정했다. 그리고 1956년 11월 둥근 병의 니키 위스키를 출시했다. 다행히도 예상보다 더 좋은 결과를 가져왔다. 1954년(생산년도)의 위스키 판매 금액을 100으로 본다면, 1959년은 334가 되어 니카 위스키의 기초를 다질 수 있었다.

1955년 11월 고숙성 원주의 맛을 살린 위스키 '골드 니카ゴールドニッカ'를 당시 최고가인 2,000엔으로 출시했다. 그리고 그다음

해에 '블랙 니카ブラックニッカ'를 1,500엔에 출시했다. 이때는 전쟁 후 위스키 붐이 불던 시기였다. 도시 번화가에는 우후죽순 '도리스トリス', '니카ニッカ', '오션オーシャン' 등의 이름을 건 바가 생겨나고 있었다. 그리고 여기에 젊은이들이 몰려들어 위스키에 점점 익숙해지고 있었다.

당시 2급 위스키는 몰트위스키의 원주 배합률이 5%에 불과한 일본만의 독특한 위스키였다. 내가 생각하는 위스키와는 품질적으로 거리가 있었다. 하지만 소비 혁명이 일어나고 경제 성장이 지속되었음에도 생활 수준은 여전히 빈곤했기 때문에 어쩔 수 없는 상황이었다고 생각한다. 결국 2급 위스키의 대중화가 좋은 품질의 위스키를 바라는 다음 시대로 넘어가는 발판이 된 것은 틀림없다.

1차 위스키 붐이 점차 둔화된 것은 1960년 이후였다. 이때는 2급 위스키의 품질을 향상시키기 위해 대장성에 개선을 요청했다. 이것이 받아들여져 1962년 4월 1일부로 위스키 원주의 배합 비율이 올라갔다. 2급 위스키는 5% 미만에서 10% 미만으로, 1급 위스키는 5% 이상에서 10% 이상 20% 이하가 되었다. 그러나 이런 개정에도 위스키 원주가 0% 위스키로 판매할 수 있는 법은 시정되지 않았다. 이런 부분은 상당히 불만스러웠으나 그래도 내 이상에 조금은 가까워지고 있었다. 만약 일본 위스키에 등급 분류가 없었다면 일본 위스키 업계는 더 빨리 발전할 수 있었을 것이라고 생각한다.

1959년 5월경부터 일본의 위스키 업계는 적극적으로 설비를 늘려 나갔다. 니카 위스키는 1959년 간사이關西를 거점으로 니시미야西宮에 최신 시설의 병입 공장을, 1960년에는 히로사키弘前 공장을, 그리고 1965년에는 큐슈 도스九州 鳥栖에 큐슈 공장을 지었다. 그리고 동시에 위스키의 품질을 향상시키기 위한 비책을 준비하고 있었다.

이야다니 준페이 씨는 1973년 6월, 오쿠무라 사부로 씨는 1976년 2월 세상을 떠났다.

아내 리타를 떠나보내고

1961년 1월 17일 아내 리타가 갑작스레 세상을 떠났다. 영국 유학 중인 나와 결혼해서 까마득한 미지의 나라 일본까지 와서, 나보다 나이도 어린데도 먼저 간 아내의 운명이 가여워서 도저히 견딜 수가 없었다. '나를 만나지 않고 영국 사람과 결혼해서 영국에서 살았다면, 리타의 여동생들처럼 아직 살아있지 않았을까?' 이런 생각이 내 가슴을 조여왔다.

전쟁 중이기도 했고, 리타가 영국 출신이라는 것 때문에 여러 제약을 받기도 했다. 도쿄에 가기 위해 하코다테函館에 갔을 때 리타가 원래 영국인이었다는 이유로 들어가지 못하고 다시 요이치로 돌아간 적도 있었고, 리타 방에 있던 라디오 안테나를 통해 비밀 신호를 발신하고 있지는 않은지 조사받은 적도 있었다. 그러나 리타만큼 일본인이 된 외국인도 없을 것이라 생각한다. 일본 요리가 특기였고, 특히 츠케모노漬物†는 다른 사람들이 전수받을 정도로 잘 만들었다. 오랫동안 일본에 살았기 때문에 사고방식도 일본인과 같았다.

리타의 어머니가 돌아가셔서 유산을 나눌 때도 맏딸인데도 어머니를 돌보지 않았으니 유산을 받을 자격이 없다며 한사코 거절하기도 했다. 숙모의 유산을 받았을 때는 그 일부로 요이치에 유치원을 설립했다. 이는 지금까지도 리타 유치원이라는 이름으로 남아있다.[10]

식습관부터 풍습까지 전혀 다른 다이쇼 시대의 일본에 와서 일생 일본인이 되려고 노력했던 아내인지라 더 안타까웠다. 나는 한동안 충격에서 헤어나올 수가 없었다. 1965년 리타가 좋아했던 요이치 증류소가 내려다보이는 작은 언덕 위에 묘를 세웠다.

1962년 위스키 원주 혼합 비율이 올라가가면서 이 기회를 이용해 어떻게 하면 좋은 위스키를 만들 수 있을지 조용히 연

---

† 소금, 초, 된장 등에 절인 저장 음식.

구하고 있었다. 그 결과 나는 두 가지 결론을 내렸다. 하나는 위스키 원주를 허용하는 범위 내에서 최대한 많이 넣고, 가능한 오래 숙성시킨 좋은 위스키를 넣는 것이다. 그러면 10% 이하로 제한된 2급 위스키의 경우에도 9.9%를 넣은 것만으로도 15%의 위스키 원주를 넣은 정도의 맛을 낼 수 있었다. 숙성 기간에는 전혀 제한이 없었기 때문에 고숙성 위스키 원주를 넣어서 좋은 위스키를 만들면 되는 것이다.

또 다른 하나는, 일본 위스키는 몰트위스키 원주와 중성 스피릿의 혼합으로 만드는데, 이 중성 스피릿을 스코틀랜드처럼 곡물로 만든 스피릿, 즉 그레인 스피릿을 사용하면 지금까지 없었던 부드러운 위스키를 만들 수 있었다. 그러면 품질 향상을 도모할 수 있었다. 이를 위해서는 코페이식 증류기가 반드시 필요했다. 일본산 알코올 대신 그레인위스키 스피릿을 사용하는 것은 내 오랜 소망이었다. 다만 제조 설비가 매우 비쌌기 때문에 그 소망이 실현되기는 쉽지 않았다.

그런데 꿈이 실현되었다. 아사히 맥주의 사장 고故 야마모토 타메사부로山本爲三 씨가 "스카치 위스키에 지지 않으려면……"이라면서 적극적으로 지원해 주었기 때문이다. 이렇게 해서 1962년 니시노미야에 그레인위스키 증류소가 완성되었다.

품질 경쟁의 시대

니시노미야 증류소에서 만든 코페이 그레인위스키가 숙성되기를 기다려서 500엔의 '하이 니카ハイニッカ'와 1,000엔의 '블랙 니카'를 시장에 선보였다. 둘 다 허용되는 최대한의 범위에서 몰트위스키 원주를 넣고 코페이 그레인위스키와 혼합한 제품이었다. 소프트 위스키의 성공 가능성을 제기한 이 제품들은 소프트 위스키 붐의 도화선 역할을 했다. 그리고 동시에 좋은 품질은 500엔, 1,000엔, 딱 떨어지는 가격의 위스키가 시작되는 도화선이기도 했다.

지금까지는 특급 위스키가 아니면 낼 수 없었던 맛을 코페이 그레인 덕분에 1급 위스키가, 심지어 더 맛있다고 자부할 수 있을 정도로 낼 수 있게 되었다. 그것이 바로 1,000엔의 '블랙 니카'였다. 확실히 위스키 품질의 혁명이라 부를 만했다. '1,000엔 위스키 전쟁'이라든가 '소프트 위스키 대전' 등 일부에서는 소란스럽게 떠들었지만, 이는 일부분에 지나지 않았다. "일본 위스키의 품질 향상에 도움이 되었을까?" 나는 오직 그것만이 중요하다고 생각했다.

다른 기업에서도 블랙 니카 급의 좋은 위스키를 앞다투어 시장에 내놓았다. 좋은 위스키를 싸게 팔면 소비자가 반드시 위스키를 마시게 될 것이라는 사실이 입증된 셈이다. 전후 두 번째 위스키 붐은 이런 품질 경쟁을 바탕으로 일어났다.

1968년 5월 1일, 세제 개정이 단행되었다. 위스키와 관련된 규정도 한 걸음 더 나아갈 수 있게 개정되었다. 각 등급마다 위스키 원주 혼합 비율이 3% 올라갔다. 게다가 원주 혼합 비율 7% 미만은 더 이상 위스키로는 만들 수 없게 되었으며, 위스키라는 이름조차 사용할 수 없게 되었다. 이 세제 개정은 앞으로 일본 위스키의 품질 향상에 크게 공헌할 것이라 생각한다.

'화이트 니카ホワイトニッカ'는 원주 혼합 비율이 크게 늘어난 세제 개정에 맞춰 바로 출시한 위스키다. 당해 가을에는 요이치 증류소에서 장기간 소중하게 보관 중이던 원주 중 고숙성 원주만을 골라서 'G&G 골드 니카ゴールドニッカ'를 출시했다. 이때 일본의 국제 경쟁력은 다른 나라들의 인플레이션과 맞물려 상당히 좋아지고 있었다. 이에 국내 소비 시장의 고급화와 다양화가 이루어지기 시작했다. 위스키도 비싸고 좋은 제품들이 점점 늘어나기는 시대가 도래했다.

외국에서도 다양한 브랜드의 위스키가 수입되어서 1961년 1월, 정부는 결국 위스키의 무역 자유화를 단행했다. 무역 자유화로 인한 경쟁에서 일본 위스키가 살아남을 방법은 품질을 좋게 만드는 것뿐이었다. "스카치 위스키에 지지 않는 위스키를 만들면 된다"는 내 주장에 맞추어 한걸음 한걸음 준비를 해 나갔다.

코페이식 증류기를 도입해 그레인위스키를 만들기로 결심한 것도 이런 이유에서였다. 그리고 남은 최후의 방법은 로우랜드 스타일의 원주를 만드는 것이었다. 여기서 로우랜드 스타일이란 스코틀랜드 남쪽 로우랜드 지역 증류소에서 만든 위스키 스타일을 의미한다. 이런 남쪽 스타일의 위스키 원주를 북쪽 스타일의 요이치 몰트위스키 원주와 블렌딩하면 된다. 나는 이런 이상에 다가가기 위해 센다이仙台 교외에 위치한 히로세広瀨강 상류에 로우랜드 스타일의 원주를 만들기에 적합한 땅을 찾아냈다. 거기에 홋카이도 요이치 증류소보다 규모가 더 큰 제2의 위스키 증류소를 건설하고 1969년 봄부터 위스키 원주를 만들기 시작했다.

선배 격이라 할 수 있는 홋카이도 요이치 증류소의 숙성 창고는 현재 25동으로 늘어났다.[11] 그 안에는 위스키 캐스크가 빼곡하게 채워져서 숙성이 진행되고 있다. 이 위스키들이 제품화되면, 한 동의 숙성 창고에서 100억 엔 상당의 위스키가 나올 정도니 그 규모가 짐작될 것이다.

홋카이도 요이치의 몰트위스키 원주는 스코틀랜드 하이랜드 스타일이고 남쪽의 센다이 증류소의 몰트위스키 원주는 로우랜드 스타일이다. 이 두 가지를 블렌딩하게 되면 더 맛있는 위스키를 만들 수 있다. 로우랜드 스타일의 몰트위스키 원주가 하는 역할로 『위스키Whisky』의 저자 이니어스 맥도널드Aeneas MacDonald는 다음과 같이 말했다.

훌륭한 블렌디드 위스키는 밸런스가 잘 구성된 오케스트라에 '로우랜드 몰트'라는 하나의 새로운 악기를 추가하는 것이 아니다. 오히려 음악의 리듬을 맞추는 지휘자의 역할을 하는 것이다. 로우랜드 몰트는 일종의 중재자처럼 거친 하이랜드 몰트와 중성의 그레인위스키의 가교 역할을 한다.

몰트위스키 원주는 같은 때에 같은 방법으로 만들어도 숙성하는 환경에 따라서 매우 다른 위스키가 된다. 이것들을 서로 합치면 한층 더 맛이 좋아진다. 어째서 그런지는 과학적으로 충분히 설명하기 힘든 위스키의 신비 중 하나다.

1969년 봄부터 숙성을 시작했던 센다이의 몰트위스키는 이상적으로 숙성이 진행되고 있었다. 센다이 증류소는 기후나 풍토, 공기 중의 습도, 물, 오존 등 위스키를 만드는 데 필요한 조건을 충분히 검토하여 여기라면 절대적으로 괜찮을 것이라고 내가 강하게 밀어붙여 결정한 곳이었다. 그런데 막상 숙성이 시작되니 역시 신경이 많이 쓰였다.

새롭고 설레는 기분으로 센다이 증류소의 몰트위스키를 만났다. 그리고 역시 기대한 대로 훌륭한 위스키가 만들어졌다. 니카는 센다이 증류소를 만든 덕분에 로우랜드 스타일의 몰트위스키를 만들어 내는 데 성공했다. 두 가지의 몰트위스키 원주의 블렌딩은 블렌더로서 남은 최후의 작업이다. 일본 위스키가 확실히 한층 더 업그레이드될 수 있게 잡념이 일체 없는

상태로 몸과 마음을 깨끗이 하고 납득할 만한 블렌딩을 했다. 그렇게 완성된 위스키는 지금까지 일본에 없던 젠틀한 위스키였다. 이 작품을 '노스랜드ノースランド' 라는 이름으로 1972년 9월에 출시했다.

지금으로부터 39년 전, 요이치 증류소를 완성시켰을 때, 여기서 만든 위스키가 세상에 나올 때를 대비하여 어떤 이름이 좋을지 여러 가지로 고민해서 몇 가지를 상품명으로 등록시켜 놓았다.

노스랜드NORTHLAND, 화이트 베어WHITE BEAR, 하이 웨이HIGHWAY, 스노우 랜드SNOW LAND, 그밖에 아이누족의 말 중에 재미있는 것으로 오샤만베OSHA-MAN-BAY, 샤코탄CHACO-TAN 등이 있었다.

화이트 베어는 이미 사용했고, 노스랜드는 삼십 몇 년 동안 간직하다가 이때 처음으로 세상에 선보인 것이다. 처음 이 이름을 생각했을 때는 하이랜드 스타일의 몰트위스키 증류소, 로우랜드 스타일의 몰트위스키 증류소, 게다가 코페이 그레인 몰트위스키를 만드는 증류소를 갖게 될 것이라고는 상상도 할 수 없었다. 자금 문제뿐만 아니라 한정된 남은 인생을 봤을 때도 완전 꿈 같은 일이었다. 삼백 수십 년의 역사를 갖고 있는 스코틀랜드에서도 이 세 종류의 위스키 증류소를 만든 사람은 물론이고 기업도 없었다. 다행히도 운 좋게 명이 길어 이 숙원 사업에 도달할 수 있었다. 나는 위스키 인생을 살아온 사람으로서의 행복을 지금에서야 만끽하고 있다.

홋카이도에서의 생활

홋카이도 요이치에서의 생활은 위스키를 만드는 일과 매일 사투를 벌이는 것이었다. 하지만 이 고장 사람들과 친하게 지낸 덕분에 곰 사냥과 낚시 같은 재미있는 일도 배울 수 있었다.

곰은 홋카이도 외 일본에도 일부 남아 있지만 홋카이도에서는 그 피해가 매우 심각하여 둔전병屯田兵†시대부터 개척민들은 무라타 총村田銃‡의 소유를 허가받았다. 곰은 일본에 있는 유일한 맹수로 주민들이 스스로를 지키기 위해서는 총이 필수

---

† 메이지 유신 후 일자리가 없어진 사무라이들이 홋카이도로 이주하여 개척을 위해 필요한 농사와 군인으로서 보안 업무를 함께 했다.
‡ 무기 전문가 무라타가 프랑스 총을 국산화한 최초의 일본산 총.

사냥한 곰과 기념 촬영(1960년) 샤코탄 바다에서 낚아 올린 돗돔(1962년)

였다. 그러나 종전 직후, 진주군進駐軍이 홋카이도 도청과 함께 도민이 갖고 있는 도검과 총포류 전부를 제출하라고 명령했다. 도검류는 그렇다 치더라도 총은 홋카이도 사람에게는 유희를 위한 물건이 아니었다. 나는 엽우회獵友會[†]의 회장을 맡고 있던 터라 도청의 관계자가 찾아왔다. "곤란해하는 도민이 많아서 어떻게든 총만이라도 소유할 수 있게 힘을 써 주시면 좋겠습니다"라는 부탁이었다.

---
† 야생 동물의 보호 및 수렵에 관한 법인.

나는 즉시 삿포로에 있는 홋카이도 점령군 사령부로 가서 사령관 라이다 소장을 만났다. 홋카이도 총과 관련하여 둔전병 시대부터의 역사를 설명했다. 그리고 곰의 출몰에 대비하여 총을 소유할 수 있도록 특별히 허락해 달라는 것과 지금 총을 뺏어서는 안 된다는 의견을 통역 없이 직접 사령관에게 전달했다. 사령관은 홋카이도 도민과 총에 그런 역사가 있었냐며 놀라워했다. 지금도 홋카이도에 곰이 출현하느냐는 질문이 나오기도 했지만 "잘 알겠다"며 총을 거둬들이는 것을 중지했다.

그런데 얼마 후, 도청의 관계자가 다시 찾아왔다. "덕분에 총 관련 문제는 잘 해결되었습니다만, 화약을 단속하여 구할 수가 없게 되었습니다. 총알을 만들려 해도 화약이 없어서 도민들이 곤란해하고 있습니다. 다시 한 번 사령부와 교섭을 해 주셨으면 합니다." 그래서 나는 다시 사령부를 찾아가 사정을 설명했다. 그 결과 화약을 배급받을 수 있었다. 총과 화약의 문제는 이렇게 해결되었다. 조금이나마 홋카이도 도민에게 힘이 될 수 있어서 매우 만족스러웠다.

곰은 11월 경부터 4월 초까지는 굴에 들어가 새끼를 낳는다. 4월, 눈이 녹는 계절이 찾아오면 굴에서 나와 공복을 달래기 위해 농가까지 내려와 많은 피해를 준다. 곰 사냥은 3인 조직으로 움직이는 경우가 많다. 곰은 후각이 발달한 영리한 동물이기 때문에 좀처럼 잡히지 않는다. 그러나 잡지 못해도 설산에서 야영하며 곰을 좇는 일은 매우 재미있다. 곰을 발견하면 3인이 각자 세 방향으로 흩어져 막다른 곳으로 몰아넣는다.

요이치 아이누ｱｲﾇ산 속에서 만났던 곰은 280킬로그램에 신장 2미터가 넘었고 새끼를 데리고 있던 엄마 곰이었다. 점점 다가오는 이 거대한 곰을 충분히 기다린 후, 두 발째에 쓰러트렸다. 그리고 두 명의 동료에게 전하기 위해 사살했다는 신호의 공포탄을 쏘았다. 겨우 몇 분 간의 만남이었지만 거대한 곰과의 대결에 모든 힘을 다 쏟아버려서 곰이 죽은 것을 확인한 후에는 무릎에 힘이 풀리면서 한동안 기운이 빠지고 멍한 상태가 되었다. 다시 찾아온 정적 속에 새들의 지저귐이 들려와 고개를 드니 곰 옆 자작나무 위로 울새가 날아오르고 있었다. 그 순간 다음과 같은 글귀가 떠올랐다.

이름에 걸맞은 곰의 삶 아이누산
자작나무 가지에 울새의 지저귐

거대한 곰과 작은 새가 자작나무 위아래에 있는 것이 매우 인상적이어서 이런 글귀가 떠오른 것이다. 그리고 그날 밤 그곳에서 눈을 파내고 야영을 했다.

그로부터 몇 년 후 며칠 동안 눈 속에서 야영하며 곰을 잡는 일이 체력적으로 힘들어져서 헬리콥터에서 곰을 찾는 방법을 생각해냈다. 봄이 찾아오고 굴에서 나온 곰은 두 번 다시 같은 굴에는 들어가지 않는다. 그 습성대로라면 곰은 헬리콥터 소리에 놀라도 원래 있었던 굴에는 다시 돌아가지 않을 것이라고 생각했다.

헬리콥터로 돌아다니니면 전에는 삼사일 동안 걸어서 고생하며 돌아다녔던 곳을 30분이면 빠짐없이 돌아볼 수 있었다. 그 때, 타키가와滝川 안쪽 산의 경사면에서 350킬로미터정도 되는 거대한 수컷 곰을 발견하여 헬리콥터로 추격했다. 소만큼 거대한 곰이 헬리콥터 소리, 바람, 속도 등에 놀라 수북하게 쌓여 있는 눈을 흩뿌리며 산의 경사면을 따라 미친듯이 도망가고 있었다. 결국에는 그 거대한 곰도 숨이 차서 빨간 혀를 내밀고 거의 움직이지 않는 상태까지 몰리게 되었다.

조종사에게 근처에 내려 달라고 명령했다. 그러나 죽기 직전 미쳐 날뛰는 곰을 처음 봐서 위험하다고 판단해서였는지 좀처럼 착륙하지 못하고 있었다. 그런데 헬리콥터 위에서는 제대로 총을 쏠 수 없었다. 그래서 새끼줄을 이용해 밑으로 내려가기로 결심하고 그 준비를 위해 산기슭으로 갔다가 다시 돌아왔다. 그러나 곰은 찾을 수가 없었다. 죽이지는 못했지만 설산의 경사면을 무대 삼아 날뛰었던 그 곰은 나의 뇌리에 강하게 새겨져 일생의 추억이 되었다.

요이치에서 바다로 튀어나와 있는 곳이 풍광명미風光明媚로 알려진 샤코탄 반도이다. 반도의 끝에는 샤코탄積丹 곶과 카무이神威 곶, 두 개의 곶이 있는데 한 쌍의 귀처럼 툭 튀어 나와있다. 여기에는 매년 8월에만 되면 찾아오는 오우요オウヨ(아이누어)라는 물고기가 있었다. 오우요는 농어과의 물고기로 일본어로는 이시나기イシナギ(돗돔)라고 불렀으며 무게 30킬로그램에 길이는 1미터가 넘는 것도 있었으며, 맛이 매우 좋은 대어다. 이 물고기를 내 손으로 직접 낚아 올리는 것이 소원이었다.

샤코탄 곶 근처에는 이리카入舸 라는 작은 어촌이 있었다. 이 어촌에 스기노杉野라는 오우요 낚시 명인이 있었다. 나는 이 분의 가르침을 받아 오우요 잡기에 도전했다. 그리고 5년째 되는 해, 겨우 1마리의 오우요를 낚는 데 성공했다. 오우요 낚시에는 2미터 남짓의 작은 배를 이용한다. 살아있는 오징어를 미끼로 사용하는데, 바늘로부터 2미터 정도는 가는 철사로 된 낚시줄을 이용해 100미터까지 줄을 내린다. 내가 오우요를 낚았을 때, 작은 배는 물에 떠 있는 나뭇잎처럼 오우요의 힘에 의해 끌려 다녔다. 낚아 올리기까지는 2시간도 더 걸렸다. 오우요는 곰과 함께 홋카이도가 아니었다면 경험하지 못했을 것이었다. 이는 일생 잊지 못할 추억이 되었다.

제11회 동계올림픽 삿포로 대회(1972년) 4일째인 2월 6일, 삿포로의 탁 트인 하늘에 일장기 3개가 동시에 떠올랐다. 카사야 유키오笠谷幸生가 동료 2명을 꽉 끌어안았다. 그리고 3명은 금, 은, 동을 높이 들어올렸다. 미야노모리 스키점프대에서 펼쳐진 70미터급 스키점프에서 니카의 사원이었던 카사야 선수(28세)가 첫번째 시도에 84미터를 완벽한 폼으로 날아올랐고, 두번째도 마찬가지로 최장거리인 79미터, 합계 244.2점으로 우승을 차지했다. 그리고 콘노 아키츠구金野昭次 선수가 2위, 아오치 세이지青地清二 선수가 3위를 차지해 일본이 3개의 메달을 독점하는 빛나는 성과를 올렸다.

"카사야, 해냈습니다……"라는 아나운서의 거친 목소리를 듣자 내 안에서 여러 생각이 교차했다.

전쟁 중의 일이었다. 요이치 중학교의 교장 선생님이 육군 장교와 함께 나를 찾아왔다. 스키점프 선수들은 예외없이 우수한 파일럿이 되며, 하늘을 날아오르는 경험을 하는 것이 비행 훈련에 매우 효과적이라는 이야기를 했다. 그리고 요이치에 중학생 전용 스키점프대를 만들어 달라는 요청을 했다.

당시 오오쿠라야마大倉山에는 거대한 스키점프대가 있었다. 그러나 처음부터 이곳에서 시작하게 되니 선수들이 현기증을 느꼈다. 그래서 서둘러 만든 것이 요이치 고등학교 뒷산에 있는 사쿠라가오카桜ヶ丘 스키점프대다. 이 점프대가 완성된 게 28년 전인데, 신기하게도 카사야 선수가 태어난 해였다. 이 스키 점프대는 내 이름을 따서 타케츠루 스키점프대라고 불렸으며 요이치의 학생들은 스키 점프에 점점 익숙해져 갔다.

요이치를 스키점프 왕국으로 만든 일등공신은 오사다 미츠오長田光男 씨다. 오사다 씨는 일찍이 유명한 선수였다. 그러다 요이치히가시 중학교余市東中学校 교장으로 부임하면서 열의를 가지고 지도하여 스키점프의 요이치를 탄생시켰다. 그 결과 아키모토 노부유키秋元信行, 닛타 마사오新田政夫, 카사야 아키오笠谷昌生, 사토 노보루佐藤昇 등의 명선수들이 차례로 배출되었다. 그중에서 카사야 아키오는 호쾌한 점프로 유명했다. 비거리로는 발군의 실력을 갖고 있었으나 착지를 실패하여 올림픽에는 나가지 못한 비극의 선수로 알려져 있었다. 동생인 유키오는 이 형의 지도를 받고 같은 요이치 고등학교 출신의 후지사와 타카시藤沢隆와 함께 고등학교 재학 중에 국제급의 선수로 성장할 수 있었다.

카사야가 메이지 대학明治大学을 그만두기 전, 아버지 미요시 씨와 함께 나를 찾아왔다. 꼭 니카에 입사하고 싶으니 어떻게든 부탁드린다는 이야기였다. 당시 니카는 스키점프 선수는 한 명도 없었다. 나는 카사야의 부친께 홋카이도에는 스키점프로 유명한 기업이 많이 있고 그곳에는 동료들도 있으니 그쪽으로 가는 것이 더 좋을 것이라고 재차 권유했으나 그럼에도 불구하고 니카에 입사했다.

그렇게 해서 카사야는 홋카이도 증류소 총무과에서 일하며 삿포로 올림픽의 눈길 속으로 묵묵히 나아갔다. 그리고 피나는 노력과 인내로 일본 스키 역사가 시작한 이래 최대의 쾌거를 올릴 수 있었다. 이처럼 신기한 연으로 이어져 있었기 때문에 우승의 기쁨이 한층 더 크게 다가왔다. 카사야 선수를 정점으로 많은 선수들을 배출하는 데에 타케츠루 스키점프대가 큰 도움이 되었다는 사실에 매우 만족스러웠다.

국제 스포츠의 세계에서 나이는 점점 어려지고 있다. 스키점프에서도 중학생의 나이는 매우 늦은 나이다. 모든 스포츠가 그렇게 되어버렸다. 나는 카사야의 우승을 기념하기 위해 요이치에 초등학생 전용 스키 점프대를 만들어 카사야 스키 점프대라고 이름을 지을 생각이다.[12] 스키점프도 일생에 잊지 못할 추억이 되었다.

위스키에 사로잡힌 인생

1969년 7월 12일, 영국의 『데일리 익스프레스The Daily Express』에 '일본, 스카치 위스키 시장에 침투'라는 제목으로 기사가 크게 실렸다. 이는 『데일리 익스프레스』의 뉴욕 주재 기자들이 『뉴욕 타임즈New York Times』에 실린 니카 위스키의 광고를 보면서 시작되었다.

"니카 위스키는 도대체 무슨 맛일까, 1병에 58실링 4펜스를 주고 니카 위스키 1병과 스카치 위스키의 최고 등급 2병, 총 3병을 사와서 신문사에서 블라인드 테이스팅을 진행했다. 그 결과 모두가 일본 위스키라고 생각했던 위스키는 애석하게도 최고 등급인 12년 숙성의 스카치 위스키였다."

이런 이야기를 상세하게 설명하며 결국 영국이 갖고 있던 미국의 자동차 시장을 일본이 뺏고 있는 것처럼 이제 다음 차례로는 영국의 고유한 수출품인 스카치 위스키마저 위협할 수 있다는 경고의 의미를 담은 기사를 영국에서 내보낸 것이다. 이 기사는 영국에서도 상당한 반향을 불러일으켰다. 스코틀랜드에서 위스키 공부를 한지 50여 년만의 일이었다.

홋카이도 요이치 증류소를 설립한 지 30여 년이 되었다. 그동안 일본 위스키를 성장시키는 일만 생각하고 있던 나에게는 매우 통쾌한 뉴스였다. 오늘날 영국의 국제적인 입장을 이 기사가 보여주고 있다고 볼 수 있을 것이다.

몇 년 전, 다이아몬드ダイヤモンド사에서『수염과 훈장ヒゲと勲章』이라는 나에 관한 책이 발간되었다. 수염은 나를 가리키는 것이고 훈장은 엘리자베스 여왕이 나에게 '훈장을 줘도 되지 않을까'라고 농담했던 것에서 따온 것이다.

스코틀랜드의 전유물이었던 "위스키 제조를 일본으로 가져온 당신에게 영국은 좋은 감정을 가질 수 없는 것 아니냐"라는 질문을 받은 적이 있다.

그때 "농담이 아니라, 스코틀랜드에서 밖에 만들 수 없었던 위스키를 일본에서 만들게 되었고, 일본 어느 시골일지라도 위스키를 마시게 되었다. 이제 일본은 스카치 위스키의 큰 시장이 되었으니, 되려 엘리자베스 여왕이 감사를 표해도 좋을 것이다"라는 답변을 가벼운 의미로 전했다.

훈장은 위스키를 만들었다는 이유로 1956년에 황수포장黃綬褒章, 1969년에 훈삼등서보장勳三等瑞宝章에 이어 1970년에는 홋카이도개발공로상北海道開発功勞賞을 받았다. 개발공로상은 홋카이도의 경제, 사회, 문화 발전에 공헌했다는 이유로 도청에서 수여한 것이다. 오히려 내가 홋카이도에 감사해야 하는데 송구스러울 따름이다. 좋은 위스키를 만들 수 있는 기후, 풍토는 하늘이 준 축복과도 같다. 홋카이도라는 천혜의 장소가 있었기 때문에 니카가 탄생할 수 있었고 성장할 수 있었다.

스코틀랜드에서 위스키를 공부할 때 알면 알수록 위스키는 환경이 만드는 것, 아니 환경 그 자체가 바로 위스키인 것을 깨닫고 과연 일본에서 위스키를 만들 수 있을까하는 불안감에 휩싸인 적이 있다. 어떤 이는 내가 선견지명이 있었다고 말하지만 위스키가 이렇게 인기가 있는 시대가 올지는 꿈에도 생각해 본 적이 없다. 기호가 이렇게 급격하게 변하는 것에 그저 놀라고 있을 뿐이었다. 일본에서 처음 몰트위스키를 만들어서 팔기 시작했을 무렵 이런 구린 냄새가 나는 것을 마실까라고 걱정했던 것이 마치 어제일 같은데 말이다.

나를 두고 '아주 운이 좋게도 위스키만으로 살아온 행운의 사나이,' '위스키를 빼면 아무것도 아닌 남자,' '이 남자는 위스키 바보다'라는 말을 하는 것을 들은 적이 있다. 생각해 보면 행운의 사나이나 위스키 바보라는 평가 모두 그럴 만한 이유가 있는 것 같다.

위스키라는, 과학으로는 다 설명할 수 없는 어떤 마법과도 같은 매력에 빠져 자연의 신비와 인간의 능력 사이를 헤매고 있는 것이 아닐까 생각해 본 적도 있다. 세상의 학문도 기술도 계속 발전하고 있는데 약 반세기 전에 배운 것들을 그대로 사용하고 있는 것이 바로 위스키의 세계이다. 위스키 숙성을 과학의 힘으로 앞당기려는 시도는 예전부터 있었지만 모두 실패하고 있다. 자연과 시간만이 오직 답인 것이다. 또, 스코틀랜드에서 옛날부터 내려오는 제조법이 지금도 가장 좋은 위스키를 만드는 유일한 방법인 것이다.

일본 위스키 역사는 아직 반세기가 채 되지 않았기에 300년이 넘는 전통을 갖고 있는 스카치 위스키에는 미치지 못하지만 품질이나 기술적으로는 충분히 비견될 만한 곳까지 도달했다.

이는 놀라울 만한 성과다. 1934년 홋카이도에서 시작하여 고난의 길을 걸어온 니카도 위스키 전문 회사로 그럭저럭 성장할 수 있었다. 홋카이도의 위스키 증류소, 센다이의 위스키 증류소 이외에도 도쿄 아자부와 치바현 가시와시柏市, 니시노미야西宮, 히로사키弘前 그리고 큐슈의 도스鳥栖에 각각 공장을 갖게 되었고 매출도 연간 약 300억 엔에 달하게 되었다. 빠르게 뻗어 나가고 있는 일본의 위스키, 이런 기세로 보면 세계 각지에서 스카치 위스키와 일본 위스키가 서로 맞붙는 시대가 그리 멀지 않았을 것이다.

전쟁 전에는 위스키가 일본인들에게는 그리 친숙한 술이 아니었다. 그러나 지금은 어느 집에서도 마실 수 있는 전 세대가 마시는 술이 되었다. 게다가 맥주와 함께 세계 각지에서도 위스키를 마시게 되어 세계적인 술로 거듭났다. 이 또한 전쟁 후에 일어난 현상이다. 나를 행복한 사람이라고 말하는 분들은 이러한 것들 전부를 종합하여 이야기한 것이겠지만 위스키 만들기에 전념하여 살 수 있었던 것은 정말로 축복받은 삶이었다는 것을 실감하고 있다. 뒤돌아보면 위스키에 괴로워하고 위스키에 기뻐했던 인생이었던 것 같다.

―――――― 미주 ――――――

1 윌리엄 교수라고 기록되어 있지만 실제로는 윌슨 교수를 착각한 것으로 보인다. 또한, 윌슨 교수는 글래스고 대학이 아니라 왕립 공대 교수이다. '글래스고 대학에 입학하다' 편에서 타케츠루는 응용화학과에 입학했다고 했지만 글래스고 대학에는 응용화학과가 없다. 타케츠루가 글래스고 대학에서 공부한 것은 맞지만 왕립 공과대학 여름 강좌를 들었던 기록도 남아있다.
2 1949년 대일본맥주를 분할하는 형태로 창립. 1954년 니카 위스키에 자본 참여를 했다. 1989년 아사히 맥주로 사명을 변경했다.
3 현 히로시마 현립 타다노우미 고등학교広島県立忠海高等学校.
4 현 메르샨メルシャン 주식회사의 전신.
5 여기에서의 글렌리벳 증류소는 엘긴에 위치한 롱몬 글렌리벳 Longmorn-Glenlivet 증류소(당시 명칭)인 것으로 추정된다. 당시에는 증류소 이름에 글렌리벳을 사용하는 일이 많았기 때문에 타케츠루도 글렌리벳 증류소라고 기록했을 가능성이 높다. 하지만 당시 타케츠루는 여러 증류소에서 실습을 했기 때문에 정확한 확인은 어렵다.
6 그랜트 씨는 당시 롱몬-글렌리벳 증류소의 공장장이었다.

7 리타의 아버지 사무엘 캠벨 코완은 타케츠루가 일본을 떠나기 전에 사망했다(1918년). 이 문장에서는 타케츠루가 리타의 아버지를 생전에 만난 것처럼 기록되어 있는데, 이는 타케츠루가 코완 가에 대해 갖고 있었던 미안한 마음 때문인 것으로 보인다. 자세한 것은 권말기고인 '재패니즈 젠틀맨의 품격'을 참조.

8 동생의 정식 이름은 람제 캠벨 코완이다.

9 1989년에 원주혼합율에 따른 위스키 등급제는 폐지되었다.

10 리타 유치원은 현재에도 요이치에 남아있다.

11 현재 요이치 증류소의 숙성 창고는 총 26동이다.

12 타케츠루 스키 점프대에 딸려 있는 카사야 스키 점프대는 요이치 출신의 후나키 카즈요시船木和喜 선수를 배출했다. 지금은 장소를 옮겨 여름에도 사용할 수 있는 타케츠루 카사야 스키 점프대로 증축되어 많은 스키 점프 선수들의 사랑을 받고 있다.

니카 위스키 창업자 타케츠루 마사타카(1894~1979)

▲ 서양인처럼 보이려 했던 타케츠루 마사타카와 일본인처럼 보이려 했던 리타는 일평생을 강한 연으로 맺어져 있을 수밖에 없었다.

◀ 니카 위스키 증류소에서 타케츠루 마사타카와 그의 아들. 연구가로서의 모습을 엿볼 수 있다.

▲ 1931년, 정장을 입은 타케츠루 부부

▲ 1920년, 스코틀랜드 유학 시절 타케츠루 마사타카

▼ 일본 위스키를 만들겠다는 타케츠루 마사타카의 꿈은 리타 덕분에 버틸 수 있었다.

일본 속에 스코틀랜드라고 불리는 니카 위스키의 성지 요이치 증류소. 증류소 안에는 생산 시설 외에도 위스키 박물관, 타케츠루 생가, 창업 당시의 사무실, 위스키 판매 샵, 레스토랑 등이 있으며 무료로 견학이 가능하다.

타케츠루 칼럼 1
위스키를 마시는 올바른 방법

위스키를 마시는 방법으로는 스트레이트, 미즈와리水割り, 온더락 등 여러 가지 방법이 있는데 어떤 방법이 가장 좋을까? 이는 내가 가장 많이 듣는 질문 중 하나다. 그러나 위스키는 기호품이기 때문에 사람마다 가장 맛있다고 느끼는 각자의 방법으로 즐기면 된다고 생각한다.

 단지 위스키는 마시는 양의 정도에 따라 차이가 있어야 한다. 예를 들어, 위스키를 매일 마시는 사람과 가끔 마시는 사람의 마시는 방법은 당연히 달라질 수밖에 없다. 이런 점을 생각하며 위스키의 마실 때를 떠올려 보라. 위스키의 향을 맡는다거나 맛을 음미한다거나 그런 방식이라면 스트레이트가 좋다. 하지만 이런 식으로 매일 마신다면 위의 점막을 심하게 자극하게 된다. 자극이 심해지면 위가 상하게 될 우려가 있다. 그러므로 매일 마시는 사람은 스트레이트로 마시지 않는 편이 좋다. 이런 사람은 미즈와리가 적합하다. 물로 위스키를 희석시켜 알코올 12도에서 13도 정도로 마시는 것이 좋다. 즉, 위스키 1에 물 2, 위스키 2배의 양의 물로 희석하는 것이 좋다. 그러면 매일 마신다고 해도 위의 점막을 자극하지 않는다.

  미즈와리에 얼음을 넣어도 좋지만 너무 차가워지면 안 된다. 맥주도 너무 차가우면 맛이 떨어지는 것처럼 위스키에도 적당한 온도가 있다. 맥주와 같이 섭씨 8~9도가 적당하다. 미즈와리에 들어가는 물은 뭐니뭐니 해도 지하수가 가장 좋다. 그런 연유로 온더락은 별로 좋지 않다. 너무 차가워지면 좋은 향들이 날아가 버린다.

  뜨거운 물도 좋지 않다. 스코틀랜드에서는 따뜻하게 마시는 위스키를 핫토디Hot Toddy라고 한다. 이는 감기에 효과가 있다. 전에는 스코틀랜드에서도 미즈와리보다는 하이볼High Ball[†]로 마시는 사람이 많았지만 최근에는 미즈와리 방법으로 마시는 사람들이 많아진 것 같다. 일본도 비슷하다. 그리고 탄산수는 마시기에 좀 강한 것 같다. 그래서 미즈와리보다는 더 취기가

---

† 위스키에 탄산음료를 넣어서 마시는 방법.

더 빨리 도는 것 같다. 아마도 위를 자극하기 때문일 것이다.

나라마다 각각 마시는 특징이 있는 것이 참 재미있는 것 같다. 예를 들면 미국인은 스트레이트 그대로 마시고 나중에 물을 마신다. 영국인은 물로 희석해서 마신다. 나는 영국인이 마시는 방법이 맞다고 생각한다.

영국의 위스키 마니아가 나에게 이런 이야기를 해 준 적이 있다.

"미국인은 위에서 섞이면 다 똑같은 것이라고 생각하는 것 같은데, 그건 잘못된 생각이다. 희석하지 않고 위스키 그대로 마시게 되면 위의 점막에 독한 술이 바로 닿게 된다. 그래서 먼저 들어온 위스키와 나중에 들어온 물이 잘 섞일 수가 없다. 게다가 비중도 다르다."

그러나 이는 자주 마실 때의 경우이고 가끔 마시는 사람이라면 좋아하는 방식대로 마시는 것이 가장 좋다. 마시는 방식에 집착할 필요는 없다. 하지만 미국에서 마시는 것처럼 위스키를 맥주나 콜라에 타서 마시는 것은 위스키를 마시는 좋은 방법이라고 할 수 없다. 목 넘김이 좋지 않은 위스키, 예를 들면 싸구려 버번 위스키를 억지로 마시는 방법일 뿐이다.

위스키를 마시는 방법에 대해 한 가지 더 말하자면 즐기면서 시간을 두고 마시라는 것이다. 즉, 아주 조금씩 길게 마시는 것이다. 일본인은 성격이 급해서 빨리 취하는 경향이 있다. 이는 잘못된 것이며 위스키는 취하기 위해 있는 것이 아니다. 즐기기 위해 있는 것이다. 즐기다 보면 자연스럽게 취하게 되는 것이다. 반드시 이런 방법으로 마셨으면 좋겠다. 이런 점에서 보면 프랑스인들이 술을 참 잘 마시는 것 같다.

일본인은 술을 쭉쭉 들이켜고 바로 뻗는다. 그래서 별로 재미가 없다. 과연 무엇을 위한 술인가 이렇게 말하고 싶다. 술뿐만이 아니다. 밥 먹을 때도 마찬가지다. 아내가 고민하여 고른 재료로 두세 시간 걸려서 만든 음식을 남편은 오자마자 5분도 안 되어서 섞어버리고 신문을 보며 먹는다. 이러면 아내는 재미도 없고 불쌍할 뿐이다. 그런 점에서 프랑스인에 감탄할 수밖에 없다. 천천히 시간을 두고 식사와 술을 즐긴다. 진심으로 즐기고 있는 것이다. 즐거움은 가능한 오래, 그것이 인생을 행복하게 하는 방법이라고 말하고 싶다.

그리고 다른 종류의 술, 예를 들면 사케 같은 양조주와 위스키 같은 증류주를 섞어서 마시면 숙취가 아주 고약하다는 말이 있다. 하지만 결국 마시는 양의 문제일 것이다. 그런 경우에도 자신의 주량을 계속 계산하며 마셔야 한다. 즐기면서 마실 수 있는 자신의 주량을 넘기게 되면 아무리 좋은 술일지라도 숙취가 심할 수밖에 없다.

전문용어로 인톡시케이팅 디그리intoxicating degree라는 말이 있다. 번역하자면 취하는 정도이다. 술을 마실 때 지금 자신이 얼마나 취해 있는지 파악하고, 오늘은 좀 취했다고 생각되면 조금 쉬는 것이 좋다. 그럴 때 그만 마시고 막 떠들어대면 알코올이 날아간다. 말도 없이 술만 계속 마셔대면 익톡시케이팅 디그리가 급격히 올라가서 다시는 돌이킬 수 없게 된다.

자신이 즐길 수 있을 정도의 범위에서 술을 마시는 것은 대찬성이다. 프랑스 요리에서 생선을 먹을 때는 화이트 와인을, 고기를 먹을 때는 레드 와인이 나왔다. 이렇게 음식에 맞춰서 술을 마시는 방법도 있다. 일본의 경우에는 처음에 목이 마르니까 맥주를 먼저 마신다. 그리고 회가 나오면 사케를 마신다. 식사가 끝나가면 위스키를 마신다. 이런 방식도 나쁘지 않은 것 같다.

내가 위스키 외길 인생을 걸어왔다고 해서 술은 위스키 외에는 마시지 않는가 하면 또 그렇지는 않다. 목이 마를 때는 맥주가 맛이 있고, 프랑스 요리에는 와인이 좋고, 일본 요리를 먹을 때는 사케를 마신다. 요새 유행어로 T.P.O(시간, 장소, 경우)에 맞추어 즐겁게 마시는 것이 바로 '술'이라고 생각한다.

타케츠루 칼럼 2
혀와 코

일본인의 식습관은 음식에 대해 불평하지 않고 먹는 것을 하나의 미덕으로 여기는 것이다. 요정이나 여관에서도 본인의 취향과는 상관없이 여러 종류의 음식들이 차례로 나온다. 조금 맛이 이상하다고 생각해도 그냥 먹는다. 그리고 설사를 하거나 집단 식중독에 걸리기도 한다. 선진국 중에서 집단 식중독을 일으키는 경우는 일본밖에 없을 것이다.

나는 식사를 할 때도 주의를 기울인다. 그래서 연회의 음식에는 일절 손을 대지 않는다. 눈앞에서 만든 음식만 먹는다. 연회 음식 같은 것은 몇 시간 전부터 만들어진다. 그건 맛도 떨어진다. 스시도 눈앞에서 만든 참치나 광어만 먹는다. 주문이 들어왔을 때 미리 잘라 놓은 생선으로 바로 만드는 것도 안 된다.

단무지도 한 시간 전에 자른 것은 안 된다. 내 혀는 맛을 잘 느낀다. 그래서 내게 식중독 따위란 있을 수가 없다.

나는 변하고 있는 것 같지만, 아직도 내가 먹는 음식은 내가 직접 재료를 사온다. 그리고 지시에 따라 만들게 한다. 나는 음식 재료의 맛을 중요하게 여긴다. 예를 들면 오징어를 살 때 하얗게 변한 것은 사지 않는다.

음식이나 술에 무신경한 일본인과는 대조적인 곳이 프랑스다. 레스토랑에 가서도 무엇을 먹을지 시간을 두고 고민하며 어떤 요리가 어떤 맛이 나는지 계속 확인한다. 메뉴를 보면서 무엇을 먹을지 아무리 시간을 들여도 싫은 내색 하나 없는 것이 프랑스인이다. 그리고 식사는 즐거운 것이다. 문화 국가라는 것은 기호가 높은 나라다. 좋은 것, 나쁜 것, 새로운 것, 오래된 것 등을 구분할 수 있는 혀와 코를 갖고 싶다.

우리 같이 위스키를 만드는 사람은 상품으로 좋은 것과 나쁜 것을 구분하는 것뿐만 아니라 종류의 차이도 구분할 수 있어야 한다. 내가 최고 전성기였을 때는 위스키를 브랜드별로 십수 종류를 구분해 낼 수 있었다. 내가 서른 살 정도였을 때다. 10종류를 구분해 내는 것은 어려운 일이다. 내가 영국에 있었을 때 거기에는 40종의 위스키를 맞추는 전문가도 있었던 것으로 기억한다. 끊임없이 노력하다 보면 상당수를 감별해 낼 수 있게 된다. 이는 비단 위스키뿐만이 아니다. 나다灘† 근처의 사람들도 사케 종류를 상당수 맞출 수 있지 않을까 생각한다.

이런 감별은 코가 주로 한다. 쉽게 생각하면 혀가 하는 것 같지만 그렇지 않다. 코다. 인간이 느낄 수 있는 감각을 오감이라고 하는데, 눈, 귀, 코, 혀, 피부 중에 코의 능력은 선천적인 것 같다. 혀의 능력은 후천적인 경우가 많다. 그러니까 혀는 태어날 때는 누구나 다 똑같다고 할 수 있다. 그 후 훈련의 여하에 따라 차이가 나는 것이다. 프랑스의 향수가 발달한 이유도 프랑스 민족이 선천적으로 코가 민감했기 때문일 것이다.

위스키를 마실 때도 결국 모이는 곳은 목이다. 목 넘김이라는 말이 있는 것처럼, 이는 혀가 아니라 오히려 목이 중요하다. 목은 코와 이어져 있다. 결국 위스키는 코로 감별하는 것이다. 자신의 혀와 코에 자신을 갖고 주도적으로 나쁜 것을 구별해 낼 수 있기를 바란다. 이것이 바로 인생을 즐겁게 만드는 일이라고 생각한다.

---

† 일본 생산 1위 사케 양조장.

단상 1
주세법과 타케츠루 군

호시노 나오키 星野直樹

주세법 개정이 만든 일본의 위스키

1925년, 내가 오사카 세무감독국의 간접세 부장을 맡고 있을 때의 일이다. 어느 날, 내 자리로 카이저 콧수염을 한 장정이 위풍당당한 모습으로 찾아왔다. 그리고 내 가장 친한 친구인 이시와타 소타로石渡荘太郎의 소개장을 내밀었다. 그리고 제발 위스키 세금에 대한 의견을 들어 달라고 요청했다. 나는 기꺼이 그의 요청에 응했다. 그 사람이 바로 타케츠루 군이었다. 타케츠루 군은 먼저 자신의 경력과 함께 입장을 설명했다.

타케츠루 군은 오사카고등공업 양조과를 졸업하고 수년동안 양조 공장에서 양조기사로 일했으며, 글래스고 대학에서 양조에 관한 공부를 했다. 그리고 이만하면 됐다는 확신이 들어 일본으로 돌아왔다. 당시 아카타마 포트와인을 팔아 성공했던 토리이 신지로 씨가 위스키를 만들려고 하고 있었고, 그 중심에서 일할 사람을 찾고 있었다. 그리고 타케츠루 군의 이야기를 듣고 꼭 함께 하고 싶었다.

이리하여 타케츠루 군은 1923년 토리이 신지로 씨의 고토부키야에 들어가 위스키를 만드는 일을 맡게 되었다. 우선 텐노天王산의 기슭 야마자키에 자리를 잡고 증류소를 세웠다. 그리고 위스키를 만들기 위한 기초를 다졌다. 그리고 드디어 유럽에도 뒤지지 않는 훌륭한 위스키 증류소를 만들게 되었다. 이제 드디어 위스키를 만들려고 시작하는 단계에 이르렀다. 하지만 생각지도 못한 문제에 부딪혀 갑자기 곤란해하고 있었다. 어떻게 이 어려운 문제를 돌파할 수 있을까? 이를 해결할 방법이 없을까? 사실 이 문제를 부탁하기 위해 찾아온 것이었다.

타케츠루 군이 부딪힌 벽이란 과연 무엇이었을까? 간단하게 설명하겠다. 당시 위스키, 브랜디, 와인 등 소위 양주라고 하는 것들은 주정 함유 음료라고 불리고 있었다. 그래서 청주, 미림, 소주 등 일본 고유의 술에 비하면 상당히 높은 세금을 부과하고 있었다. 게다가 세금을 걷는 방법도 매우 달랐다. 사케는 제조한 다음 해에 1년간 분할해서 지불하게 되어 있는데, 주정 함유 음료에 대해서는 제조 직후 그 자리에서 바로 모든 세금을 한꺼번에 지불하게 되어 있었다.

그전까지의 위스키는 다른 양주들과 마찬가지로 알코올 주정에 위스키 엑기스 같은 것을 넣고 물을 섞어 적당한 농도로 맞춘 후에 바로 내다 파는 것이었다. 그건 그것대로 잘 되고 있었다. 그런데 타케츠루 군은 지금까지 없었던 진짜 위스키를 만들고 있었다. 증류한 위스키 스피릿을 적당히 블렌딩하여 오크통에 넣고 숙성하는 시간이 반드시 필요했다. 게다가 이 숙성 기간은 수년에 달하고 길면 길수록 맛도 좋아지고 품질도 뛰어난 위스키가 된다. 그것이 절대적인 필요 조건이었다.

하지만 위스키를 만들고 오크통에 채우자마자 즉시 세금을 내게 되면 위스키를 만드는 입장에서는 아직 팔지도 못하고 전혀 수입이 없는 상태로 계속 있어야 한다. 따라서 전혀 팔 수 없는 제품에 미리 막대한 세금을 내야하는 것이다. 게다가 세율도 극단적으로 높다. 이런 무거운 부담은 도저히 감당할 수가 없다. 이를 어떻게든 해결하지 않으면 진짜 위스키는 만들 수 없으며 앞으로 일본 어떤 곳에서도 만들 수 없을 것이다. 이를 어떻게 해결할 수 있는 방법이 없을까? 타케츠루 군의 하소

연이 바로 이런 것이었다.

조용히 듣고 있자니 타케츠루 군이 말하는 것이 옳다는 생각이 들었다. 분명 어떤 조처를 해야 할 필요가 있었다. 구제할 방법이 무엇이 있을까? 당시의 법 아래에서 어떤 방법이 있을까? 내 머릿속에서는 과연 오크통에 채우는 순간 위스키 제조가 끝났다고 보는 견해가 과연 옳은가 하는 의문이 들었다. 생각해 보면 위스키 스피릿을 오크통에 채우는 것은 위스키를 만드는 과정 중 하나일 뿐이다. 아직 위스키가 완성된 것이 아니지 않은가? 숙성이 끝나고 병입을 해야 완성이 되고 판매를 할 수 있는 제품으로서의 공정이 끝난다. 그때가 되어서야 과세를 부과하는 시기에 도달하게 된다.

타케츠루 군의 의견대로 위스키에 대한 새로운 과세 방법, 시기 등을 개정해야 하는 것이 당연하지 않나는 생각이 들었다. 나는 세무국 관계자들을 소집하여 모두의 의견을 들어보았다. 모두 이 의견에 찬성을 했다. 다만 술에 아무런 조치를 취하지 않고 그대로 방치하면 단속을 할 수 없기 때문에 문제가 일어날 우려가 있다는 의견이 나왔다. 이미 만든 위스키 스피릿을 가지고 이런저런 다른 용도로도 사용되는 것까지 허용할 수는 없는 것이다.

어떻게 하면 좋을까 생각한 끝에 세무서에서 오크통을 봉인하기로 했다. 나는 이와 관련해서도 모두의 의견을 들었다. 아직까지는 이런 방법에 대해 아무도 반대 의견을 보이지는 않았다. 안전한 관리를 위해서는 위스키가 들어있는 오크통을 세무서에서 봉인하는 것이 타당한 방법일 것이다. 이렇게 하면 현행법과도 충돌하지 않는다. 현재로서는 시의적절한 방법이라고 할 수 있다. 하지만 지금까지 없었던 방식이기 때문에 오사카 세무감독국 단독으로 실시하는 것은 옳지 않다. 전국적으로 같은 방식을 사용하도록 개정해야 한다. 즉, 대장성 주세국의 동의를 얻는 것이 필요했다.

조속히 안을 마련하여 주세국에 동의를 구했다. 그리고 이런 실정을 잘 설명했다. 당시 주세국장은 구로다 씨, 주세과장은 후지이 씨(후에 대장대신大藏大臣이 됨) 그 밑으로는 이시와타 군(마찬가지로 후에 대장대신이 됨)이 사무관으로 일하고 있었다. 모두 이해가 빠른 사람들이었다. 주세국에서 바로 이 방법이 합리적이라고 인정했다. 그리고 이렇게 진행함에 있어 문제가 없다는 답변을 받을 수 있었다. 나는 타케츠루 군에게 이 사실을 즉시 알려주고 걱정하지 말고 위스키를 만들라고 격려했다. 이리하여 타케츠루 군은 안심하고 일을 진행할 수 있었다.

그 후, 나는 대장성 세무국으로 옮겨 후지이 씨 밑에서 이시와타 군과 함께 일을 했다. 한편, 타케츠루 군은 덴노산 기슭에서 심혈을 기울여 위스키를 만들고 있었다. 소문은 듣고 있었지만 제품이 출시되었다는 이야기는 좀처럼 들려오지 않아 마음속으로 기다리고 있었다.

나중에 듣자 하니 제품이 출시된 것은 1929년이라고 한다. 하지만 매출이 부진해서 아직 세간에 알려지지 않았던 것이다. 나는 1932년에 대장성을 떠나 만주(현재 중국의 동북부)로 건너갔다. 따라서 타케츠루 군의 소식도 위스키의 발전도 들을 수 없게 되었다. 그러다 1940년에 일본으로 돌아왔다. 그리고 진짜 위스키가 제대로 자리 잡아 가고 있다는 것을 듣게 되었다.

물론 당연히 타케츠루 군이 만들고 있는 것이라고 믿고 있었다. 그런데 생각과는 다르게 삿포로에서 우연히 만난 타케츠루 군은 당초 계약에 따라 1934년에 토리이 씨를 떠나 독립하여 홋카이도 요이치에 니카 위스키를 만들고 있다고 했다. 그리고 타케츠루 군이 처음 몸담았던 산토리도 지금 만들고 있는 니카도 모두 훌륭하게 위스키를 만들어가고 있다는 것을 타케츠루 군에게 직접 듣고 매우 기뻤다.

그 후로는 세법도 개정되어 주세에도 출고세가 광범위하게 적용되었다. 이제 위스키도 출고될 때 과세가 되도록 명문화된 것이다. 그러나 당시에는 과세상의 편법을 고안할 수밖에 없었다. 그렇지 않았다면 위스키를 만들 수 없었을 것이다. 당시에는 법이 실상을 제대로 따라가지 못했음을 인정할 수밖에 없을 것 같다.

위스키가 일본에서 만들어질 수 있었던 것은 전적으로 타케츠루 군의 고심과 노력의 결과이다. 타케츠루 군이 없었다면 일본 위스키의 발전은 훨씬 더 늦어졌을 것이다. 타케츠루 군은 일본 위스키의 창조자이다. 그리고 나도 이 타케츠루 군의 위스키 만들기라는 대업에 연이 닿아 조금이나마 기여를 할 수 있었다는 것에 스스로 자랑스러워하고 있다. 하지만 이것도 전적으로 타케츠루 군 덕분일 것이다. 나는 항상 그때부터 지금까지 타케츠루 군의 노력을 떠올리며 경의와 감사의 마음을 놓지 않고 있다.

호시노 나오키 *아래의 약력은 원본 간행 당시의 것

1892년 요코하마 출생

1917년 도쿄제국대학 정치학과東京帝国大学政治学科 졸업

　　　　대장성 입성, 오사카 북세무서장, 쿠마모토, 오사카 세

　　　　무감독국 경리부장, 간세부장

　　　　대장성 총무부 재산과장

1932년 만주국 재정부 총무사장

1940년 기획원 총재, 국무상, 귀족원 의원

1957년 다이아몬드사 이사 역임

1964년 다이아몬드사 대표이사 회장 역임

단상 2
타케츠루 씨와 나

노다 우이치野田卯一

리타 부인과 내 아내의 독신 시절부터 이어진 인연

타케츠루 씨는 내가 가장 좋아하는 선배 중 한 명이다. 만남이 언제부터 시작되었는지도 확실하지 않을 정도로 오래된 이야기이지만 이중으로 연이 겹쳐 친해지게 되었다. 우선 하나는 내가 과세 문제로 주류와 연이 깊은 대장성에서 일했기 때문이다. 그래서 위스키 만들기에 종사한 타케츠루 씨와 연을 맺을 수가 있었다. 내가 젊었을 때는 세무서장으로도 근무했지만, 타케츠루 씨의 증류소가 있는 지역의 관할 구역에서 근무한 적은 없다. 오랜 세월 대장성에서 근무하며 이런저런 일로 타케츠루 씨와 만나게 되면서 관계가 깊어져 간 것이다.

다른 하나는 내 아내가 나와 결혼하기 전부터 타케츠루 씨와 인연이 닿아 있었다는 것이다. 아내는 여학교를 나와 결혼하기 전까지 영어 회화 공부에 뜻을 두고 있었다. 그래서 영어를 공부하고 있었던 언니의 소개로 타케츠루 씨의 부인인 리타 씨를 알게 되었고, 리타 부인에게 영어를 배우면서 연을 맺게 되었다. 그래서 사실 나보다 아내가 먼저 타케츠루 집안과 친하게 지냈다.

타케츠루 씨는 저서 『수염과 훈장』에서 셋츠주조를 퇴사했을 무렵의 이야기를 다음과 같이 기록하고 있다.

문자 그대로 셋츠주조의 아베 사장님과는 눈물을 머금고 헤어졌다. 분한 마음에 뛰쳐나왔지만 어디에서 다시 일할 수 있을지 아무것도 정해진 것이 없는 상태였다. (중략) 근처에 기독교 학교인 모모야마 중학교가 있었는데 리타는 롤링 교장 부부와 친하게 지내고 있었다. 롤링 교장 부부는 내가 셋츠주조에서 나와 곤란해하고 있는 것을 딱하게 여겨 "당신에게는 충분히 자격이 있으니 화학 교사를 해보게나"라고 권유하여 나는 화학 교사로 일을 하게 되었다. 그리고 리타는 테츠카야마 학원에서 영어를 가르치는 동시에 양가의 자녀들에게도 영어를 가르치고 있었다.

리타 부인은 알려진대로 타케츠루 씨가 위스키를 만들기 위한 큰 뜻을 품고 스코틀랜드로 건너가 유학 생활을 하고 있었을 때 맺어진 분으로 미인인데다가 참으로 눈치가 빠르고 상냥한 여성이었다. 타케츠루 씨와 나와의 만남도 오래되었지만 내 아내와 지금은 고인이 된 타케츠루 씨의 부인인 리타 씨와의 만남은 더욱더 오래되었고, 타케츠루 집과 우리집의 관계는 가히 운명적이라고 해도 좋을 정도다.

타케츠루 씨에 대해 이야기하자면 멋진 수염이 가장 먼저 떠오른다. 그 멋진 수염에 어울리는 독특한 풍모를 갖고 있었는데, 불그스름한 얼굴에 하얀 이를 내보이며 유쾌하게 웃는 얼굴이 정말 인상적이었으며 매력적이었다. 성격도 대쪽 같이 곧고 시원시원했다.

성실함, 끈질김, 친절한 사람 등 타케츠루 씨에 대해 다른 여러 이야기들을 하는 사람도 많을 것이다. 나는 청년에 대한 애정에 대해 감사의 말을 적고 싶다. 타케츠루 씨는 젊은이들을 잘 챙기기로 정평이 나 있는 사람이다. 특히, 젊은이를 위한 일에 깊은 관심을 갖고 있었다. 나는 개인적으로 입시나 취직을 돕는 사람들이 설립한 쌍엽회双葉会라는 모임을 하고 있는데, 오랜 시간 지속되며 그 수가 1,000명에 달하게 되었다.

그리고 매년 학교를 졸업하고 취업에 성공한 젊은이들을 초대하여 쌍엽회 회원들과 함께 축하 연회를 여는 것이 내게는 가장 즐거운 행사 중 하나였다. 그때마다 타케츠루 씨는 도쿄 미나토구港区에 있는 아자부 공장을 매번 빌려주셨다. 이 공장은 전쟁 전, 모리모토 이키라 집안의 저택이었는데 전쟁이 끝난 후에는 도쿄도의 소유가 되었고, 이를 니카 위스키에서 인수하려 하고 있었다. 그때 니카 위스키는 여러 문제로 인수에 난항을 겪고 있었는데, 내 소개로 인해 원만하게 해결하고 인수할 수 있었다.

타케츠루 씨는 매년 흔쾌히 연회장을 빌려주는 것뿐만 아니라 바쁜 시간을 쪼개 매번 모임에 참석하기도 했다. 그리고 청년들에게 인생 경험에 바탕을 둔 깊은 이야기들을 들려주었다. 게다가 니카의 각종 위스키와 여러 제품들을 무제한 제공해 주었다. 타케츠루 씨의 호의는 언제나 젊은이들에게 깊은 감명을 주었다. 타케츠루 씨의 위스키를 만드는 솜씨는 일류 중의 일류다. 그러나 무엇보다도 타케츠루 씨의 인간됨은 초일류이다. 니카 위스키는 그런 타케츠루 씨의 깨끗한 영혼과 태도가 결실을 맺은 것이며 인간 타케츠루의 양심이 위스키에 투영된 것이라고도 볼 수 있다.

하나 예를 들어 내가 타케츠루 씨를 위해 노력한 에피소드를 소개하고 싶다. 그것이 인간 타케츠루 씨가 얼마나 신뢰할 만한 인물인지를 말해주기 때문이다.

1953년 니카 위스키가 경영 확대, 강화를 위해 아사히 맥주와 제휴를 맺을 때의 일이다. 나는 아사히와 제휴를 맺는 것은 좋지만 니카 위스키의 독자성, 창업 이래로 유지해 온 기업 이미지가 급격히 변하여 손해를 볼 것을 우려했다. 또한 경영자로서의 타케츠루 씨의 지위가 흔들리는 것은 아닐까 걱정했다. 거대 자본과 판매망을 갖고 있는 기업과 제휴를 맺었을 때 창업자가 쫓겨나는 경우가 적지 않았기 때문이다. 그래서 킹 오브 위스키의 위상이 흔들리지 않을까 두려웠다.

다행히 아사히 맥주의 야마모토 타메사부로山本爲三郎 사장은 대장성과는 매우 사이가 좋은 사람이었고 나도 친하게 지내고 있던 사람이었다. 나는 야마모토 사장을 만나서 내가 우려하고 있는 부분들, 바라는 것들을 전하며 타케츠루 씨 지위 보존을 위해 힘써 달라고 부탁드렸다. 이에 야마모토 사장은 흔쾌히 내 부탁을 들어주었다. 이야기를 나누면서 야마모토 사장이 타케츠루 씨의 양심적인 위스키 제조에 충분한 이해를 가지고 있다는 것을 알게 되었고 기술면에서도 경영면에서도 좋은 제휴 관계가 될 수 있도록 최대한 배려해 줄 것을 약속했다. 그리하여 타케츠루 씨는 지금까지 니카 위스키의 중심에서 활약할 수 있게 되었다.

이후, 타케츠루 씨는 계속해서 뛰어난 제품들을 만들어 냈고 니카 위스키의 눈부신 발전을 가져왔다는 것은 널리 알려진 사실과 같다. 내 걱정은 완전히 기우에 불과한 것이 되었지만 아사히 맥주의 야마모토 사장이 매우 훌륭한 사람이었고 타케츠루 씨를 잘 이해할 수 있는 실력자였기 때문에 다행인 일이었다. 그러나 무엇보다도 타케츠루 씨의 위대함이 야마모토 사장의 전폭적인 신뢰를 이끌어 낼 수 있었던 가장 큰 원인이었을 것이다.

나도 타케츠루 씨에게 도움을 줄 수 있었던 것을 진심으로 기뻐하고 있으며 좋은 추억으로 간직하고 있다. 나는 홋카이도 요이치 증류소를 견학할 때마다 '여기만큼 양심적인 곳은 몇 안 된다고 생각한다. 니카 위스키는 과장하지 않고 정말 최고의 위스키다"라고 말한다. 이렇게 나를 니카 위스키 PR을 하게 만드는 것도 타케츠루 씨의 인덕이라고 말해도 틀린 말이 아니다.

노다 우이치 *아래 약력은 원본 간행 당시의 것

1903년 기후시岐阜市 출생

　　　도쿄 제국대학 영법과東京帝国大学英法科 졸업

1927년 대장성 입성

　　　외자국장, 주계국장, 전매국 장관, 대장 차관 역임

1950년 참의원 의원

1951년 요시다 내각 건설대신, 국무대신으로 홋카이도 개발청

　　　장관, 수도건설위원회 위원장, 행정관리청 장관

1953년 중의원 의원에 당선된 이래로 8선 의원

권말 기고 1
여행과 작가의 위스키

야지마 유키히코矢島裕紀彦(논픽션 작가)

소세키, 여행지에서 옛 친구와 술잔을 나누다

일상을 벗어난 여행은 마음마저 풀어 놓게 만든다. 메이지 시대의 문호 나츠메 소세키夏目漱石가 그날 밤 어느 클럽 바에서 잔을 기울이고 있던 것도 중국 대륙까지 건너온 여행자로서의 해방감에 고양되었기 때문일 것이다. 원래 체질적으로 거의 술을 마시지 못하는 소세키에게는 희귀한 일이었다. 1909년 9월 6일 중국 다롄大連에서의 일이었다. 만 나이로 42세가 된 소세키의 옆에는 오랜 친구이자 남만주 철도 총재를 맡고 있는 나카무라 제코中村是公가 있었다. 소세키와 나카무라는 대학예비문大学予備門†의 동급생이었다. 같은 학교에 다니면서 같은 학

---
† 현 도쿄 대학.

원에서 강사 아르바이트를 하며 북향의 3첩 다다미방 기숙사에서 함께 아침을 맞이했다. 그리고 서로 아르바이트로 번 돈을 테이블 위에 뒤섞어 올려놓고 그 돈으로 생활을 하는 형제나 다름없는 삶을 살고 있었다.

나카무라가 보트 선수로 대회에서 우승을 하고 학교에서 책값을 지급받자 "나는 책 같은 건 필요 없으니까 네가 좋아하는 책을 사줄게"라고 말하며 소세키에게 셰익스피어의 『햄릿』을 사줬다는 유명한 일화도 있다. 그런 옛 친구와 나누는 술잔은 감미로운 맛이었을 것이다.

그날 밤 소세키가 마신 술은 같은 증류주이지만 위스키가 아닌 진을 베이스로 한 칵테일 진콕이었던 것 같다. 나카무라는 술을 잘 마시는 사람이었으니 자연스럽게 외산 위스키에도 손이 닿지 않았을까. 기분 좋은 취기가 차례로 두 사람의 가슴속에 스며들어 간다. 클럽을 나와 소세키가 밤하늘을 올려다보니 맑게 갠 하늘에 전에는 본 적 없을 정도로 높고 깊은 별이 아름답게 빛나고 있었다. 호텔에 돌아온 것은 자정.

다음날도 소세키는 나카무라와 함께 시내 중앙시험소中央試驗所를 견학하기 위해 방문했다. 거기서 화학자 다카미네 죠키치高峰讓吉가 실시한 위스키 제조 연구에 관한 이야기를 들었다. "이 실험실에서 위스키가 나오게 되면 나카무라가 기뻐하며 마셔버리겠지." 소세키는 감상에 젖는다. 메이지 시대의 일본인은 이처럼 외산 위스키를 즐기면서 자신들의 손으로 위스키를 만들기 위해 시행착오를 겪으며 노력했다. 그렇다고는 하지만 아직 좀처럼 모조품 단계를 벗어나지 못했다. 교토 외각 야마자키에 일본 최초의 위스키 증류소가 완성되는 것은 이로부터 15년 후의 일이었다.

우치다 햑켄의 기차 여행은 한잔의 술에서부터

소세키 말년의 제자 중 한 명인 우치다 햑켄內田百閒은 스승과는 다르게 애주가였다. 출신 자체가 오카야먀岡山 양조장의 자식이었으니. 사케, 위스키, 맥주, 와인, 샴페인 등 종류를 가리지 않고 즐겼다. 술의 맛과 공덕을 간에 깊게 새겼으니 그저 '사케酒†'라고 함부로 부르는 것은 바보 같은 짓이라 항상 존경의 마음을 담아 오사케お酒‡라고 불렀다.

  1950년 가을 환갑을 넘긴 햑켄은 아무런 용건도 없었지만 기차를 타고 여행을 떠나려 하고 있었다. 행선지는 오사카. 심장

---

† 여기서 사케는 일본 술이 아니라 술 일반을 의미한다.
‡ 일본어에서 높임말로 쓸 때 お를 붙인다.

에 약간의 지병도 있고 혼자서 하는 여행은 싫었기 때문에 국철 직원이었던 젊은 지인 히라야마 사부로平山三郎를 데려가기로 했다. 이것이 바로 수필 「특급 바보 열차特別阿房列車」의 소재가 되는 기차 여행이다.

출발당일 햑켄과 히라야마는 우선 도쿄역으로 향했다. 도쿄역에는 무사히 도착했지만 타려고 했던 12시 30분발 특급 열차가 만석이라 표를 살 수가 없었다. 되는대로 여행을 하고 싶었기 때문에 미리 도쿄역에 와서 표를 예약하지 않았던 것이다. 결국 역장실까지 찾아가 고생 끝에 겨우 표를 구하자 햑켄은 매우 기뻐했다. 그리고 히라야마를 꼬셔서 역내 식당으로 향해 위스키를 주문했다.

햑켄은 순간의 감상을 담아 수필에 이렇게 썼다. "안심하고 나서 마시는 한 잔의 술은 맛있다." 햑켄의 위스키에 대한 깊이 있는 생각을 느낄 수 있다. 마시는 방법은 스트레이트. 히라야마도 맛있는 듯 홀짝거리며 한 잔을 다 비웠다. 두 사람은 기세를 올려 바로 한 잔 더 주문했다.

햑켄은 옆 자리에서 맥주를 마시고 있는 손님이 신경 쓰였다. 낮부터 얼굴이 붉어지게 술을 마시고 있다니 저게 옳은 행동인가. 히라야마도 같은 생각이었다. 그런데 자신의 얼굴도 점점 붉어지고 있었다. 그리고 보니 지금 자신도 위스키를 마시고 있다. 이 무슨 바보 같은 일인가. "어쩔 수 없지. 여행은 예외이니까. 여행은 부끄러움을 버리는 것이다. 표도 샀고 기차는 아직 오지 않았고 타지도 않았다." 이렇게 유쾌하고 바보 같은 맛의 기차 여행은 위스키 한 잔과 함께 시작되는 것이다.

다자이 오사무의 위스키는 비극일까 희극일까

다자이 오사무太宰治가 극작가 친구인 이마 하루베伊馬 春部와 함께 휴대용 포켓 위스키를 들고 아타미熱海로 향한 것은 우치다 햣켄의 「특급 바보 열차」의 여행보다 3년 빠른 1947년 9월의 일이었다. 긴자銀座에서 보석이나 고미술품을 파는 상점의 젊은 주인이 초대했던 것 같다.

이때 다자이와 이마는 모든 명사를 비극 명사와 희극 명사로 나누는 단어 분류 놀이를 하면서 기차에 올랐다. 아침은 비극이고 밤은 희극, 바다는 비극이고 강은 희극, 잇쇼빙一升瓶†은 희극이고 위스키는 비극 이런 식이었다.

아타미에 도착할 때까지 위스키를 남기기 위해 이마가 다자

---

† 1.75리터의 큰 술병.

무에게 제안했다. 요코하마橫浜에 도착하면 한 잔, 후지사와藤沢에 도착하면 한 잔 이런 식으로 나누어 마시자고. 그런데 기차가 유라쿠楽町 마을을 지날 때, 다자이는 참지 못하고 "마시자"고 했다. 이야기에 열중했는지 후지사와를 이미 지나친 것도 모르고 있었던 다자이. 이마는 계속 아무것도 모르는 척하고 있었다. 기차가 치가사키茅ヶ崎에 도착했을 때 다자이는 깜짝 놀라며 화를 냈다. "한 정거장을 속였구나!"

단어 분류 놀이와는 다르게 다자이의 위스키는 어린 아이처럼 희극적이었다. 단어 분류 놀이는 돌아오는 기차에서도 이어졌다. 이때 동행한 어떤 이는 "이마 하루베는 비극, 다자이 오사무는 희극"이라고 했다. 다자이는 기분이 좋은 듯 계속해서 위스키를 마시고 있었다.

다자이는 '술이 싫다酒ぎらい'라는 제목의 에세이를 썼다. 사실 자신은 원래 술을 그다지 좋아하지 않는데, 단지 술을 집에 두는 것이 신경 쓰여서, 별로 마시고 싶지도 않은데 집에서 술을 없애 버리고 싶은 마음에 벌컥벌컥 마셔버리는 것이라고 한다. 물론 이 말을 있는 그대로 받아들여서는 안 될 것이다. 다자이는 미타카三鷹의 집 근처의 상점에서 위스키를 살 때면 옷 소매에 넣고 기분 좋게 집으로 돌아오는 것이 일상이었다.

긴자의 바 '루팡ルパン'을 무대로 하여 역사에 남을 정도로 유명한 하야시 타다히코林忠彦의 사진도 다자이의 아이 같은 면 때문에 탄생했다. 사진 작가인 하야시 타다히코는 당시(1946년 11월) 바 루팡에서 오사카에서 상경한 오다 사쿠노스케織田作之助를 촬영하고 있었다. 수일 전부터 쫓아다닌 피사체였다. 그런데 "어이 오다사쿠만 찍지 말고 나도 찍어줘"라며 간섭하는 취객이 있었다. 마치 친구에게 질투심을 불태우는 것처럼 보이는 개구쟁이 같은 태도. 하야시가 옆에 있는 사람에게 "저 남자는 도대체 누구죠? 시끄러운 사람이네"라고 어이없다는 듯이 묻자 "다자이 오사무"라는 대답이 돌아왔다. 하야시는 놀라면서도 기뻐했다. 다자이의 이름은 진작 들어서 알고 있었고, 촬영하고 싶다고 생각하던 차였다.

예상치 못한 기회가 찾아왔다. 이날은 오다 사쿠노스케와 다자이 오사무, 사카구치 안고坂口安吾, 이 세 사람이 나오는 잡지의 좌담회가 열렸던 것이다. 좌담회장에는 술도 나왔다. 이들은 이어서 바 루팡으로 옮겨 위스키나 맥주를 마시고 있었던 것이다.

하지만 하야시 손에 남은 후레쉬는 어느새 단 한 개. 다시 찍을 수도 없다. 좁은 가게 내에서 피사체와의 거리를 잡기 위해 하야시는 화장실 문을 열고 안으로 들어갔다. 변기에 얼굴이 닿을 정도의 낮은 앵글로 혼신을 다해 셔터를 눌렀다. 이렇게 해서 탄생한 사진이 다자이가 바 카운터 의자에 책상다리로 앉아 있는 바로 그 사진이다.

온천마을 주점에서 본 이부세 마스지의 변신

다자이가 형님으로 모신 이부세 마스지井伏鱒二도 여행을 좋아하는 애주가였다. 특히 위스키 미즈와리를 좋아해서 기차를 탈 때도 미즈와리 세트를 갖고 다녔다. 보스턴백 안에 손수건으로 감싼 작은 위스키 한 병, 물통, 플라스틱 컵을 넣고 다녔다. 그리고 자리를 잡으면 손수 미즈와리를 만들어서 홀짝홀짝 마시며 목적지로 향했다. 이 때는 얼음은 사용하지 않았기 때문에 이런 음용 방식은 지금으로 말하자면 '트와이스 업twice up'(상온의 물로 두 배 정도 희석해서 향이 열리게 하는 방법)에 가깝다고 볼 수 있다. 안주로는 삶은 메추리알 꼬치를 납작한 도시락 통에 넣어 오기도 했다. 이부세는 낚시를 좋아했기 때문에 낚시대를 갖고 있을 때도 많았다. 기차에 흔들려 점점 삐쳐 나오는 모양이 평화롭다. 계절과 상관없이 봄 바람이 불어온다.

어느 날은 미나미이즈南伊豆에 있는 여관에 흔들리는 기차로 다섯 시간 가까이 걸려 도착했다. 그런데 "방이 하나 있긴 하지만 오늘 도쿄에서 이부세 선생님이라는 분이 오시니 잘 부탁드린다는 어떤 분의 전화가 있어서 죄송하지만"이라고 거절당했다. 자기 자신이 바로 그 이부세라는 말도 못 꺼내고 "네"라는 대답만 하고 그대로 돌아간 적도 있다. 절대로 흐름을 거스르지 않는다.

그것뿐만이 아니라 앞서 가려는 자가 있으면 망설이지 않고 길을 내어준다. 이를 두고 다자이는 "여행 명인인 이부세니까"라며 자연스럽게 받아들였다. 다자이는 또 이런 식으로도 쓰고 있다. "여행의 고수들은 생활하는 데 있어서도 절대 패배하는 법이 없다. 예컨대 화투에서 패를 내는 방법을 다 알고 있는 사람과 같다", "이부세 씨와 같은 그런 태도야 말로 불패의 유전자가 있기 때문이 아닐까"(『이부세 마스지 선집井伏鱒二選集』후기).

물론 이부세는 여행지에서도 마신다. 어느 날, 코슈甲州의 시모베下部 온천에 머물고 있을 때 유카타를 걸치고 후배 작가 오누마탄小沼丹과 여럿을 불러내 주점으로 향했다. 입고 있는 옷으로 어디에 숙박하고 있는지를 알아챈 가게의 여성이 물었다. "그쪽에 훌륭한 소설가 선생님이 머물고 있다던데 뭐하고 있는지 아세요?" 그러자 듣고 있던 그 훌륭한 소설가 이부세는 자연스레 대답했다. "아아, 그 사람은 어제 돌아간 것 같은데. 우리들은 장기 기사야." 그 후, 후배들은 말을 맞추기 위해 악전고투했다. 그런 모습을 보고 있던 이부세는 태연하게 미즈와리 한 잔을 기울인다. 이런 장난을 좋아하는 한편, 이부세는 술 자리 이야기의 달인이다. 그 이야기는 유난히 재미있어서 듣는 사람은 화장실에 가는 시간조차 아까워했다고 한다.

이케나미 쇼타로는 호박색의 술로 에도를 걷다

몇 년의 시간을 두고 숙성되는 생명의 물이라고 불리는 이 호박색의 술은 때로는 작가의 타임슬립을 위한 촉매제 같은 역할을 한다. 『귀평범과장鬼平犯科帳』, 『검객상매劍客商売』 등으로 알려진 역사 소설가 이케나미 쇼타로池波正太郎는 이런 문장을 남겼다. "일은 야밤부터 시작해 아침까지 하는데, 그날의 일을 그럭저럭 마치고 잠들기 전에 마시는 위스키만큼 맛있는 것은 없다. (중략) 펜이 춤을 추며 글이 쭉쭉 써지는 날에는 오래된 베

니 굿맨의 레코드를 틀어 놓고 위스키를 쭉쭉 들이키며 글을 쓰는 날이 일년에 수차례가 있었다."(「식탁의 경치食卓の情景」)

이케나미가 좋아했던 술 마시는 방법은 위스키에 얼음을 띄운 온더락. 즉 재즈를 BGM으로 좋아하는 온더락을 마시며 에도의 거리를 걷는 하세가와 헤이조長谷川平蔵†나 아키야마 코헤이秋山小兵衛‡의 모습을 그린다. 그런 밤이 몇 번인가 있었을 것이다. 잃어버린 에도의 잔향을 찾아 교토를 여행할 때도 이케가미는 테라마치寺町의 단골 바 '산보아サンボア'에서 내놓은 위스키를 즐기고 있었다.

나는 이런 작가들의 에피소드를 생각하며 잔을 기울이는 것을 좋아한다. 위스키의 시간을 의식하며 차분히 맛을 본다. 마시는 방법은 그때그때 다르다. 이케나미 쇼타로가 좋아했던 온더락으로 할까, 이부세 마스지의 미즈와리로 할까 아니면 다자이 오사무나 우치다 햣켄을 떠올리며 스트레이트로 할까. 나츠메 소세키에게 배운 것처럼 옛 우정에 기대 마시는 것도 좋다. 오늘 밤 잔 바닥에는 고인이 된 친구, 야마모토 켄이치山本兼一의 얼굴이 떠오를지도 모르겠다.

---
† 『귀평범과장』 주인공 이름.
‡ 『검객상매』 주인공 이름.

야지마 유키히코

1957년 도쿄 출생. 저서로는 아키야마 요시후루秋山好古부터 릴리 프랭키リリー・フランキー까지 예부터 지금까지의 위스키 애주가 90명의 일화를 엮은『위스키 풍수 열전ウイスキー粋人列伝』이나『문사가 사랑했던 거리를 걷다文士が愛した町を歩く』,『문사의 일품文士の逸品』등이 있다. 편서로는『소세키, 마음의 말漱石「こころ」の言葉』이 있다.

권말 기고 2
호박색의 시간을 마시다

타니무라 신지谷村新司 **(음악가)**

진짜와의 충격적인 만남

슈퍼 니카의 광고 음악에 관한 이야기를 들은 것은 1980년이었습니다. 그때까지 나는 그런 일은 별로 하지 않고 있었습니다. 그런데 타케츠루 마사타카 씨의 『위스키와 나』(구판)를 읽고 그가 살아온 방식에 매우 큰 감명을 받았습니다. 그래서 단순히 일이라기보다는 사람과의 만남이라고 생각하고 한 번 해보기로 결심했습니다. 그렇게 해서 탄생한 것이 지금 내 대표곡 중 하나가 된 '스바루昴'입니다.

마침 그 무렵 나는 '아리스アリス'라는 그룹으로 활동하는 동시에 솔로의 일도 시작하며, 아시아 시장을 개척하기 위해 움직이고 있었습니다. 주위에서 "어떻게 된 거야"라는 말을 듣기

도 하고, 나갈 때마다 적자가 났습니다. 그래도 지금하고 있는 일이 10년, 20년, 50년 후에는 반드시 다음 세대에 전해질 것이라는 믿음을 갖고 계속 해 나갔습니다. 그래서 더욱더 타케츠루 씨가 위스키 만들기에 쏟은 열정에 공감할 수 있었는지도 모르겠습니다. 지금 시대는 얇고 넓은 그리고 빠른 것을 요구하지만 그런 풍조에 휩쓸리지 않고 자신이 목표로 하는 것을 만들려고 하는 타케츠루 씨의 집념과 높은 뜻에 감동을 받았습니다.

타케츠루 씨는 진짜 위스키를 만들기 위해 스코틀랜드로 건너갔고, 저도 20대 초반에 미국에서 강렬한 경험을 했습니다. 아직 아리스를 결성하기 전 '락 캔디즈ロックキャンディーズ'라는 포크 그룹으로 활동하고 있던 1970년에 미국 콘서트 투어에 나섰습니다. 홈스테이를 하거나 이동하는 버스 안에서 잔다거나 그런 정말 빈곤한 여행이었지만 그곳에서 다시는 없을 충격적인 만남이 있었습니다.

마침 그때의 미국은 3일 동안 무려 40만 명이라는 관중을 모았던 것으로 유명한 락 페스티발 '우드스탁Woodstock'의 마지막 해였습니다. 플라워 레볼루션flower revolution이라고 해서 젊은이들이 모두 장발을 하고 사랑과 평화를 울부짖던, 뭔가 나라 전체가 소리 내며 움직이는 것 같은 그런 느낌이었습니다.

콘서트 투어를 다니면서 우리들도 그곳에 있었습니다. 그리고 현지 콘서트를 보러 다니며 재니스 조플린Janis Joplin을 실제로 볼 수 있었습니다. 나중에 전설적인 존재가 되는 여성 가수인데, 그 시점에서 우리는 이름조차 몰랐습니다. 하지만 한 소절을 듣는 순간 눈물이 넘쳐 흘러 멈출 수가 없었습니다. 왜 그랬는지 모르겠지만 찰나의 순간에 몸이 반응해 버린 것입니다. 이유는 없었습니다. 머리로는 계산할 수 없지만 세포가 반응했습니다. 이건 진짜입니다. 마음을 뒤흔들어 가슴 속 깊이 새겨졌습니다. 앞으로의 내 음악 활동에 큰 영향을 미친 사건이었습니다.

2대, 타케츠루 다케시 씨에게서 느낀 남자의 미학

타케츠루 씨도 스코틀랜드에서 아마도 비슷한 경험이 있었을 것이라고 생각합니다. 진짜와 만나 그 본질을 직접 확인하기 위해 혼자서 저 멀리 스코틀랜드까지 갔던 경험 말입니다. 그래서 '스바루'의 가사 속에도 "언젠가 누군가가 이 길을 와줬으면 좋겠다"라고 썼습니다. 거기에는 "설령 오지 않아도 나는 정한 길을 가겠다"라는 의미도 담겨 있습니다.

그렇다고 해서 노래를 만들 때 특별히 타케츠루 씨나 위스키를 의식한 적은 없습니다. 내 경우에는 갑자기 하늘의 계시처럼 가사가 떠오릅니다. 그걸 그대로 솔직하게 쓸 뿐입니다. 광고에 사용하기 위해 여덟 소절만을 만드는 것도 있을 수 없는 일입니다. 끝까지 하나의 작품으로 완성해 가는 것입니다. 그 가사의 의미를 나중에 되뇌어보면 "아아, 이런 부분에서 맞아떨어졌구나"라는 생각이 듭니다. 그 당시 텔레비전 광고 속의 증기기관차가 황야를 달리는 장면도 나중에 보니 음악과 완벽하게 맞아떨어졌습니다.

뭔가 시대를 움직일 만한 것이 나타나면, 이는 자연스럽게 사람, 때, 장소 등 모든 타이밍이 일치하기 때문입니다. 스바루星の昴[+]도 마찬가지입니다. '산개성단散開星團'이라고도 불리며 스스로 모였다 스스로 흩어져갑니다. 또 스바루라는 것은 통솔한다는 뜻의 '스베루統べる'와도 통합니다. 가사에는 "안녕さらば"이라고 표현했습니다. 자신과 다른 방향으로 가는 사람도 좋고, 길은 달라도 각자의 목표하는 곳으로 나아가야 한다는 각오 같은 것도 나타내고 있는 것입니다.

[+] 황소 자리에 있는 일단의 별무리.

타케츠루 마사타카 씨는 1979년에 돌아가셨기 때문에 만날 기회는 없었습니다만 2세인 다케시 씨와는 만난적이 있습니다. 가장 선명하게 남아 있는 것은 긴자에 술 마시러 갔던 기억입니다. '스바루'를 만든 뒤니까 내가 30대였을 무렵입니다. 다케시 씨는 긴자에 갈 때면 여러 곳의 가게에 들릅니다. 한 가게에 10분 정도밖에 있지 않습니다.

처음에는 깜짝 놀라서 '벌써 가나?'라고 생각했습니다. 아마도 니카의 상품을 파는 곳 구석구석 얼굴을 비추고 싶었던 것이었겠죠. 게다가 티도 내지 않고 바람처럼 와서 자연스럽게 획 사라지고 또 다른 가게에 슬그머니 들어갑니다. 상대방을 배려하여 쓸데없이 신경 쓰이게 하지 않습니다. 스스로 앞에 나서는 법이 없고 이야기를 경청하는 멋진 사람입니다. '아아, 남자의 아름다움이란 바로 이런 것이구나'하고 느꼈습니다.

아버지 마사타카 씨는 기업인이었으니 아마 좀 더 와일드하다고나 할까, 원래부터 그런 성격이었겠죠. 다케시 씨는 그런 아버지를 보고 2세의 자연스러운 포지션을 몸에 익혀 나간 부분도 있었던 것 같습니다. 그런 모습이 한 발 물러나 감싸는 듯한 가치관과 인간적인 매력을 느낄 수 있게 하는 분이었습니다. 상대가 마음을 열고 쉽게 이야기할 수 있도록 경청하는 다케시 씨의 이런 자세는 굉장히 참고할 만한 부분이라고 생각합니다.

뜻이 사람을 움직여 문을 열다

나는 평소에는 거의 술을 마시지 않지만 콘서트 뒤풀이 때는 끝까지 마셔서 고주망태가 되기도 합니다. 타케츠루 씨와 긴자를 돌아다녔을 때는 버번 위스키를 조금 마시곤 했습니다. 바에서 잔을 기울일 때의 분위기 그 자체가 좋은 것 같습니다. 특히 바 자리에 혼자 술을 마시고 있는 남자의 뒷모습, 그런 풍경을 매우 좋아합니다. 댄디즘을 느낄 수 있죠.

위스키 만들기란 어떤 의미에서는 숙성을 기다리는 것이 아닐까요? 기다림이란 용기가 필요한 것이지요. 냄비 뚜껑은 자연스럽게 열고 싶어지는 법. 오로지 믿고 기다려야합니다. 진짜를 만든다는 것은 역시 시간이 필요하며 기다리는 시간도 포함해서 결국에는 기쁨으로 변해 간다는 것이겠죠. 그것이 넓은 의미로 여유인 것이지요.

니카 위스키 최초의 증류소가 홋카이도 요이치에 만들어진 것도 뭔가에 이끌린 것 같나고 느낍니다. 불본 무엇보다도 위스키를 만드는 데 적합한 기후나 풍토 등을 고려해서 고른 것이겠지만, 요이치余市의 요余는 요하쿠余白(여백)의 요余인 것입니다. '유흥', '여유' 같은 것이지요. 사실 이것이 가장 중요한 것으로 노는 게 없으면 풍류 같은 것은 나오지도 않습니다. 자동차 핸들에도 재미가 필요합니다. 여백을 다 없애 버리고 가면 팍팍하게 되어버릴 것입니다. 그러면 맛 좋은 음료가 탄생하지 않을 것입니다.

타케츠루 씨의 삶 자체가 여유가 있고 기다리는 것을 소중히 여겼던 것 같습니다. 자신의 운명에 도전하며 살아가면서도 모든 것을 스스로의 힘으로 나아간 것이 아니라 "주변 사람들의 도움이 있었기 때문에 문이 저절로 열린 것이다"라고 자신 있게 말했습니다. 겸허한 것 이상의 불교사상인 '타력他力'의 사고방식에 가까운 것을 갖고 있었던 것입니다.

바람과 땅에 기대어

그렇다고는 하지만 역시 본인의 매력이 있었기 때문일 것이라고 생각합니다. 자신의 생각을 상대방에 전달하지 않는 이상 상대도 문을 열어 줄리가 없습니다. 만년필 한 자루와 노트 한

권을 가지고 혈혈단신 스코틀랜드로 건너가서 위스키를 만드는 비법을 배우려고 했습니다. 그저 순수한 열의를 갖고 있는 청년이 일편단심 열심히 공부한다 해도 가르쳐주지 않는 경우도 있고 협력해서 가르쳐 주는 사람도 나올 수 있을 것입니다. 뜻이 전해지면 문이 열리고 인간의 마음과 마음이 울려 퍼지는 것입니다. 그것이 결과적으로 스코틀랜드의 위스키 문화를 저 멀리 동양까지 확산되는 것으로 이어진 것입니다.

'스바루'가 아시아에 퍼진 것도 비슷한 이유 때문이었습니다. 1981년 '아리스'로 베이징에서 콘서트를 열었을 때 중국 가수들이 "멋진 노래네요. 우리도 꼭 부르고 싶어요. 알려주세요"라고 말한 적이 있습니다. 그 열의에 눌려 내가 옆에서 불러주었고 그들은 귀로 복사했습니다. 그렇게 '스바루'가 구전으로 퍼져 나갔습니다. 앞으로도 이렇게 노래를 이어 나가야겠다고 생각합니다. 내려 놓음으로써 넓어지는 것이 많거든요. 타케즈루 씨와의 인연으로 탄생한 '스바루'라는 노래는 그것들을 소중하게 여기라는 것도 알려주는 듯한 기분이 듭니다.

위스키를 만드는 데 풍토나 물이 가장 중요하다고 하지만 그것은 사람의 힘으로는 어떻게 할 수 없는 세계가 있다는 뜻이

기도 합니다. 그것을 이해하고 있는 것이 매우 중요하며 자연과 함께 만들어 나가는 것이므로 우선은 자연에 귀 기울이고 자연과 함께 가지 않으면 안 되는 것입니다.

나무는 일단 베어 버린다는 그런 발상은 통용되어서는 안 됩니다. '자연을 느끼면서 바람과 흙에 의지해서 시간의 경과를 기다린다.' 이것이 타케츠루 씨를 시작으로 하여 이어져온 것입니다. '바람과 땅에 기대어'라는 말이 갖는 의미는 내가 생각하기에는 움직이지 않는 것과 멈추지 않는 것입니다. 무엇인가가 태동 하려할 때 가장 중요한 에너지는 움직이지 않는 것과 움직이는 것의 조합입니다. 마츠오 바쇼松尾芭蕉가 말하는 '불역유행不易流行입니다. 거기에 물이라든지 불이라든지 사람의 생각 같은 것이 전부 얽히고 설켜서 위스키가 만들어져 가는 것입니다.

4,000번 불러도 똑같은 것은 없다

세월에 걸쳐 숙성한다는 의미에서는 와인도 위스키도 모두 같네요. 예전에 내가 와인을 공부했을 때 내가 태어난 해의 와인을 마신 적이 있습니다. 코르크를 뽑았더니 "와인과 코르크 사이에 있는 약간의 공기는 당신이 태어나던 해의 공기입니다"라는 말을 들었습니다. 이것은 역시나 매우 감동적인 일이었습니다. 그러니 와인이나 위스키는 시간을 가두고 숙성시키는 것이라고나 할까, 단순히 음료만을 만드는 것이 아니라 시대를 담고 있는 것이지요. 그런 점에서도 타케츠루 씨는 분명 낭만을 느끼고 있었을 것이라고 생각합니다.

같은 원료로 같은 방법으로 같은 년 수로 숙성을 해도 완성되는 오크통마다 미묘하게 개성이 다르다고 들은 적이 있습니다. 내가 35년 간 불러온 '스바루'도 지금까지 4,000번 이상 불렀다고는 하지만 똑같았던 적은 한 번도 없었습니다. 그때의 공연장 관객의 분위기, 내 컨디션이나 기분 등에 따라 전부 다릅니다. 이것은 내 열성팬으로부터 전해들은 정확하지 않은 이야기이긴 합니다만 요이치의 니카 위스키 증류소에서 광고음악인 '스바루'가 하루 종일 울려 퍼진 적이 있다고 합니다. 그렇다면 거기에 잠자고 있던 위스키들은 자장가로 '스바루'를 듣고 있었던 것입니다. 사람의 태교 음악은 아니지만 음악을 들려주면 숙성에도 뭔가 차이가 날 수도 있을 것 같습니다.

숙성하는 동안에는 아주 조금씩 증발하는 '천사의 몫'이라는 것이 있다고 합니다. 그만큼 향과 맛이 응축되는 것이지요. 그렇게 10년을 숙성한 것, 20년을 숙성한 것에는 들인 시간만큼의 깊은 어떤 것이 들어가 있습니다. 타케츠루 씨가 걸어온 위스키의 발자취는 그런 가치관을 찾아온 역사라고 볼 수 있습니다. 그래서 이 호박색 술은 '시간을 마시다'라는 표현이 딱 들어 맞는 것 같습니다. 음악은 시대를 넘어 계속 전해져 왔고 위스키는 숙성의 시간과 함께 전해져 왔습니다. '스바루'는 시간을 건너고 니카 위스키는 시간을 마십니다.

타니무라 신지

1948년 12월 11일 출생, 오사카 출신. 아리스 소속으로 '겨울 번개冬の稲妻' '챔피언' 등 수많은 히트곡을 내며 솔로 아티스트로서도 '스바루', '좋은 날 여행いい日旅立ち', '사라이サライ' 같은 일본을 대표하는 곡을 만들었다. 2004년 상하이 음악학원上海音楽学院 상임교수로 취임, 현재는 상하이 음악학원 명예교수, 도쿄 음악대학東京音楽大学 객원교수로 음악의 뜻을 가진 젊은이들의 육성에 힘쓰고 있다.

공식 홈페이지 http://www.tanimura.com/

권말 기고 3
'재패니즈 젠틀맨'의 품격: 할아버지께 배운 것

타케츠루 코타로竹鶴孝太郎

이 책의 원본은 니혼케이자이 신문에 실린「나의 이력서」를 바탕으로 했다. 조부 마사타카는 집필할 때 아무래도 기억에 의존한 것이 많다 보니, 시간이나 이름, 장소 같은 것들이 실제와는 다르게 잘못 기재되어 있음을 발견했다. 그래서 이번 개정판을 발간하는 데 있어서 그러한 오류들을 어떻게 할 것인지에 대해 관계자들과 상의했고, 결론은 '기본적으로 원본 기록을 존중한다'는 쪽으로 결정했다. 대신 명백한 오류나 설명이 필요한 부분에 대해서는 최소한의 주석을 달았다. 하지만 짧은 주석으로 설명할 수 없는 큰 오류에 대해서는 내 사견을 포함하여 이곳에서 말씀드리려고 한다.

본문의 '타향에서 싹튼 사랑' '호숫가에서 맹세한 사랑'장에서는 영국 유학 시절 할아버지가 할머니 리타를 만나 결혼하기까지, 즉 1919년부터 1920년에 걸친 내용이 적혀 있는데 거기에서 할아버지가 할머니의 아버지인 사무엘과 만난 것으로 되어있고 1920년 여름에 돌아가신 것으로 쓰여 있다. 이는 사실과 명백하게 다르다. 사무엘은 할아버지가 할머니를 만나기 전인 1918년 6월에 돌아가셨다. 자신의 아내가 될 사람의 아버지와 만났는지 안 만났는지에 대해서 어떻게 헷갈릴 수가 있는지 보통 상식으로는 이해할 수가 없다. 그렇다면 할아버지는 왜 그렇게 썼을까?

이 부분에 대해 나는 다음과 같이 생각한다. 예나 지금이나 동서양을 막론하고 가장이 부재하고 여성뿐인 가정에 남성이 출입하는 것은 체면이 떨어지는 일이다. 할아버지한테도 옛날 이야기라고는 하지만 아버지 즉 집안의 가장을 잃은 할머니 댁에 드나들었다는 사실이 대중에 공개가 됨으로써 할머니 집안의 체면이 떨어지는 것을 막기 위해서이지 않았을까. 나는 이렇게 생각한다. 지금으로서는 어디까지나 상상에 의존할 수밖에 없지만, 할아버지라면 그랬지 않았을까 싶다.

어쨌든 손자인 나에게는 불가사의한 매력을 가진 조부모님이었다. 내 주관적인 생각이기는 하지만 영국인인 할머니는 메이지 태생의 무사도武士道 정신으로 무장하고 있었고, 큰 뜻과 열정을 갖고 있는 할아버지께 기사도騎士道 정신을 느꼈다. 일본인 할아버지는 늘 상냥하고 의연했던 할머니에게 '무사도' 정신을 느꼈기 때문에 서로의 그 심도 깊은 정신 세계에 매료되어 결혼하게 되지 않았을까 생각한다.

*

나는 장대한 자연을 품은 홋카이도 요이치 마을에서 중학교 3학년(15세)까지 조부모님과 한 지붕 밑에 살았다. 그 생활방식이 일반적인 가정과는 조금 달랐다는 것을 내가 가정을 꾸리는 나이가 되어서야 깨닫게 되었다. 하지만 그런 환경에서 자란 내 자신이 행운아였다고 생각한다.

할아버지는 카이저 콧수염에 빡빡이셨다. 목소리도 변사처럼 크고 영어를 살짝 섞어가며 쓰는 위트 있는 말투에 압도적인 존재감이 있었다. 나는 첫 손자라 조부모님께 무척이나 귀여움을 받았다. 나중에 부모님께 들은 말인데 할머니는 내가 태어날 때 "아, 이로써 나도 진짜 일본인이 되었구나"라고 하셨다고 한다. 이는 이국 땅에서 아내로서 그리고 어머니로서 오랜 시간 고생한 할머니만의 감회였다고 생각한다. 이어서 여동생 미노부가 태어났다. 초로의 두 분에게는 이 때가 가장 평화롭고 행복한 시기였던 것은 아니었을까.

  생각해 보면 마사타카와 리타는 자신의 스타일을 아주 소중히 여긴 멋쟁이 할아버지, 할머니였다. 예를 들면, 할아버지는 옷에 매우 신경 쓰는 것은 물론이고 속옷의 질감이나 소재에 이르기까지 하나하나 따지고 드는 분이었다. 심지어 여행 갈 때의 복장도 아주 까다롭게 챙겼다. 어디를 가든 마음에 드는 보스턴백 외에는 몇 가지 짐만 간소하게 들고 다녔다. 해외로 출장을 갈 때에는 오히려 짐이 너무 적어서 현지 세관에 걸린 적도 있다고 한다.

  한편, 할머니는 집안에 있어도 항상 화장을 하고 정장을 입은 상태로 가족들을 만났다. 그래서 나는 할머니가 잠옷 차림이나 화장을 안 한 맨 얼굴을 본 적이 없었고, 어머니도 한 번도 본 적이 없다고 했다. 키가 컸던 할머니는 드레스를 자주 입었다. 어머니 말에 따르면 하늘의 색에 따라 빛깔이 달라 보인다며 그날 빛의 색에 맞추어서 맑은 날은 초록색 계통을, 흐린 날에는 회색 계통의 옷을 입었다고 한다. 어머니는 그런 할머니를 부러워했다고 한다. 어쨌든 검은색 일색인 일본인에게는 신선한 발상이다.

기억 속에 할아버지는 항상 큰 소리로 웃었고, 말하는 것도 좋아했다. 조용하고 온화한 성격의 아버지 다케시와는 대조적인 부분이었다. 식사 후에는 할아버지와 아버지가 미즈와리를 한잔하는 것을 자주 봤는데 대게는 할아버지 혼자 일방적으로 말했다. 또, 식후에 가족이 모두 모여 이야기를 나눌 때는 할머니도 한 손에는 미즈와리 한 잔을 들고 있는 경우가 많았다. 그럴 때의 화제는 최근의 일이나 스코틀랜드 가족에 관한 이야기였던 것으로 기억한다. 밤이 깊어지고 취침시간이 다가오면 할머니는 나에게 "코타로, 고 투 베드"라고 했던 것이 기억난다. 할머니는 가족들에게는 일본어로 말하셨지만 할아버지와 단둘이 있을 때는 영어로 자주 대화하셨다. 지금 생각해보면 나는 영어를 배울 수 있는 좋은 기회를 놓쳐버린 셈이다.

정월에는 니카의 직원이나 요이치의 사람들을 집으로 초대하여 마작 대회를 여는 것이 관례였다. 마당에 텐트를 치고 거실과 연결해서 공간을 확장하여 마작 대회장을 만들었다. 할머니도 어머니도 직접 요리해서 손님을 대접하느라 온 가족이 바쁜 연중행사였다. 할아버지는 홋카이도라는 미지의 땅에서 현지인의 도움 없이는 아무것도 할 수 없다는 것을 잘 알고 있었다. 그리고 이국 땅에서 건너온 할머니가 현지인들에게 친근하게 다가가고 이웃으로 받아들여질 수 있는 좋은 기회가 되기도 했다.

*

 어느 날, 할아버지께 "진짜 사치란 무엇인가요?"라고 물었다. 그러자 할아버지는 "지금, 네가 있는 이 환경이야 말로 진짜 사치다"라고 말씀하셨다. 그때는 무슨 말을 하는지 모르겠다는 얼굴을 했던 것 같은데 할아버지는 개의치 않고 계속해서 "매일 천혜의 자연 속에서 느낄 수 있는 다양한 제철 과일과 채소(당시 요이치의 집 안채 뒤편에는 밭이 있었고 온갖 종류의 과일과 채소가 심어져 있었다)의 향기와 색깔 그리고 맛을 기억하고 있어라. 그것은 이곳에 살고 있는 사람만이 경험할 수 있고, 어른이 되면 할 수 없는 것들이다"라고 알려주셨다.
 또, 할아버지는 희귀한 위스키나 브랜디 등을 시음할 기회가 생기면 그때마다 "마시지 않아도 좋으니 향을 맡아봐라"라고 했다. 그러고나서 향 각각의 특징에 대해 알려주셨다. 그리고는 "후각과 미각은 경험이 많으면 많을수록 발달한다. 특히 향은 기억에 오래 남는다"라고 말씀하셨다. 그때부터 지금에 이르기까지 나는 우선 향부터 맡아보는 것을 실천하고 있다. 그리고 향을 맡을 때마다 할아버지가 설파한 후각과 미각에 관한 이야기와 요이치의 밭에서 난 과일과 채소의 향이 모두 떠오른다. 할아버지는 아마도 감각(오감)을 갈고 닦는 경험을 양조장을 경영했던 증조할아버지에 의해 어릴 적부터 익히셨을 것이다.

*

할아버지는 똑똑한 사람인 동시에 스스로 말할 정도로 운이 좋은 사람이기도 했다. 하지만 어떻게 제로에서부터 시작하여 위스키를 만드는 방법을 2년 남짓의 공부로 배울 수 있었던 것일까? 긴 시간 내가 품고 있던 의문이다. 그런데 내가 니카에 재직하며 4년간 뉴욕에 주재하고 있을 때 그 의문이 풀리게 된 사건이 있었다.

프랑스에서 한 와이너리의 오너를 만나 내가 일본 위스키를 판매하고 있다는 이야기를 하자 "일본인은 베끼는 것을 잘하니까……"라고 말했다. 예상했던 반응이지만 나는 개의치 않고 이야기를 이어 나갔다. "내 할아버지는 일본 국립대학에서 양조학을 공부하고 스코틀랜드에서 위스키 만드는 법을 배웠으며 일본에서 처음으로 진짜 위스키를 만든 사람이다. 그리고 그의 집안은 300년 전통의 사케 양조장이었다. 그는 사케의 발효 기술 대신에 위스키 만드는 것을 배우고 일본에서 위스키를 만들 수 있게 된 것이다. 그래서 당신의 와이너리는 창업한지 몇 년이나 되었나?"라고 물었다. 그러자 와이너리 오너는 "120년!"이라고 말하며 미소 짓고는 안쪽에서 가장 좋은 와인을 꺼내 "당신의 할아버지를 위해 건배하자"고 말했다. 사케, 와인, 위스키…… 술을 만드는 사람들의 공통된 마음가짐과 전통이 통한 순간이었다. 그리고 진짜 위스키를 만들어 일본인이 즐길 수 있게 하겠다는 할아버지의 사명감과 신념은 헤아릴 수 없을 정도로 깊은 것이라는 생각이 들었다.

생각해 보면 이때 와이너리의 오너에게 할아버지에 대한 이야기를 하지 않았더라면 내가 갖고 있던 의문은 해소되지 않았을 것이다. 그리고 해외에서는 자신의 생각이나 의견, 느낀 것들을 얼마나 잘 전달할 수 있는가에 따라 다르게 평가받을 수 있다는 것을 실감했다. 그런 점에서 할아버지는 코스모폴리탄cosmopolitan이기도 했다. "자신의 서명은 일본어와 영어 모두 잘 쓸 수 있도록 연습해라", "사진을 찍을 때의 포즈도 정해 놓아라" 이런 말을 자주 들었다. 이것도 코스모폴리탄이었기에 가능한 감각이었을 것이다.

이 두 가지의 '가르침' 외에 또 한 가지가 더 있었는데 "디그니티dignity(품위, 위엄)를 가져라"라는 것이다. 이것은 아직도 내게는 어려운 가르침이다. 이런 국제적인 감각을 가진 할아버지였기 때문에 국제결혼을 했을 것이고, 그렇다면 자식들에게도 국제결혼의 메리트를 이야기하고 권할 만한데, 손자인 내게는 국제결혼만은 절대 하지 말라고 했다. 나는 그 이유를 물어본 적은 없지만 그 이면에는 할아버지가 경험한 국제결혼의 부정적인 면이 있었던 것이 아닐까 생각한다. 국제결혼을 하며 아내를 이국 땅으로 데려오게 되었고 그 결과 아내에게 꽤나 무리한 고생을 강요했다는 빚이 있었던 것은 아닐까. 이런 할아버지의 생각은 할머니가 돌아가시고 나서 더 강해진 것처럼 보였다. 그리고 나는 그런 생각을 품고 있는 할아버지에게 젠틀맨의 정수를 본다.

타케츠루 코타로

1953년 타케츠루 마사타카, 리타 부인의 아들 다케시, 우다코 부인의 장남으로 태어남. 니카 위스키에 약 20년간 근무하였고 현재 주식회사 아마나 사업개발실ｱﾏﾅ事業開発室 실장으로 있다.

위스키와 나

초판 1쇄 발행 2020년 8월 6일
초판 4쇄 발행 2025년 10월 24일

지은이 타케츠루 마사타카
옮긴이 김창수

기획 장동원 이상욱 김기동
책임편집 오윤근 **디자인** 위하영
제작 제이오엘앤피

펴낸곳 워터베어프레스 **등록** 2017년 3월 3일 제2017-000028호
주소 서울시 마포구 성미산로 29안길 7 3층 워터베어프레스
홈페이지 www.waterbearpress.com
이메일 book@waterbearpress.com
ISBN 979-11-961590-6-1 03570

* 책값은 뒤표지에 있습니다. 잘못된 책은 구입하신 곳에서 바꿔 드립니다.

이 도서의 국립중앙도서관 출판예정도서목록(CIP)은 서지정보유통지원시스템 홈페이지
(http://seoji.nl.go.kr)와 국가자료공동목록시스템(http://www.nl.go.kr/kolisnet)에서
이용하실 수 있습니다. (CIP제어번호 : CIP2020023935)